Philippe Rodier

LA MÉTHODE DESCHAMPS

MARABOUT

SOMMAIRE

INTRODUCTION : QU'EST-CE QUE LE TALENT ?

Le talent inné 10

Un environnement social favorable 12

La capacité à travailler 15

La force du mental 17

De l'importance d'avoir des activités diversifiées 18

Travail et résilience 20

CHAPITRE 1 : D'ANCIEN JOUEUR À ENTRAÎNEUR, LA MARCHE EST HAUTE

Entraîner : un contrat à durée déterminée 27

La force de conviction 30

L'autorité charismatique 33

Le développement d'une crainte salutaire 36

La haine de la défaite 39

CHAPITRE 2 : LE JEU SANS LE « JE »

Dialogue avec ses joueurs 49

L'efficacité avant l'esthétique 50

Des personnalités et de l'analyse 53

CHAPITRE 3 : LE CHOIX DES HOMMES
Soutenir et protéger 60
Au centre de tout : l'équipe et son esprit 63
Savoir s'adapter, ne rien laisser au hasard 67
La place des leaders 71
Savoir réagir en toutes circonstances 75

CHAPITRE 4 : ENTRAÎNER COMME ON NAÎT
S'adapter à la « nouvelle génération » 86
Le cadre familial et l'enfance 91
L'importance de l'entourage professionnel et personnel 94
La force de la « non-révolution » 98
L'amour du maillot tricolore 102
Faire ses propres choix : donner leur place aux joueurs 104

CHAPITRE 5 : L'ART DE SAVOIR CAUSER
Faire attention aux pouvoirs des médias 112
Savoir parler et réagir dans le contrôle 115
Parler sans se compromettre ni compromettre le groupe 118
Être dans l'air de son temps 121
L'art de la causerie 125
Se reposer sur ses leaders 127
Faire des choix et gérer les déceptions 129
L'expérience venue de sa carrière d'entraîneur en club 133

Sources 140
Remerciements 143

CHOISIR DIDIER POUR ÊTRE, À 24 ANS, CAPITAINE DE L'ÉQUIPE DE L'OM

dans laquelle figuraient Pelé, Casoni, Völler ou Di Meco suffit à décrire ce qu'il était déjà très jeune.

ENSUITE, SON INTELLIGENCE A FAIT LE RESTE.

Bernard Tapie

Avec l'un des plus beaux palmarès de l'histoire de son sport, Didier Deschamps a tout connu dans le monde du football : vainqueur de la première Coupe d'Europe tricolore en 1993 avec l'OM, brassard de capitaine sur le bras, puis détenteur de multiples titres avec la Juventus Turin, avant de raccrocher les crampons à la suite d'expériences compliquées à Chelsea et au FC Valence. La suite ? Une carrière d'entraîneur, embrassée presque immédiatement, à la tête de l'AS Monaco, club avec lequel il atteindra la finale de la Ligue des champions en 2004, à la surprise générale. Pourtant, malgré cette immense expérience sur le pré, tous ceux qui l'ont côtoyé durant sa période d'entraîneur sont unanimes : il n'est pas toujours si simple de travailler avec Didier Deschamps. Proche de Bernard Tapie durant sa période marseillaise, ancien joueur de la Juventus à l'époque où le football italien régnait encore sur l'Europe, ou encore petit protégé d'Aimé Jacquet, « DD » sait comment construire l'environnement nécessaire à la performance. Mais cela peut avoir un prix… Souvent en conflit avec ses directeurs sportifs, le Basque a démontré qu'il pouvait rencontrer des difficultés à s'intégrer dans l'organigramme d'un club. Aujourd'hui, la profession de sélectionneur correspond parfaitement à ses qualités et lui permet d'éviter la dépense d'énergie nécessaire au quotidien pour diriger un club. En 2014, il expliquait : « Être entraîneur de club, c'est du continu, du 24 h/24 h. » Avec les Bleus, la réalité est différente. Après plus de dix années à la tête du groupe France depuis sa prise de fonction en 2012, son bilan prend des airs de péplum : finaliste de l'Euro en 2016, champion du monde en 2018, puis vainqueur de la Ligue des Nations en 2021 et à nouveau finaliste du Mondial au Qatar en 2022. Mais alors, quelle est sa méthode ? Quels sont ses « secrets » ? Retour sur la philosophie de l'un des personnages les plus mystérieux du management sportif.

INTRODUCTION

QU'EST-CE QUE LE TALENT ?

C'est quoi le talent ? C'est un mot que je ne supporte pas. Un gamin de 12-13 ans a du talent ? Ça veut dire quoi ? Arrêtez avec ça. Il a des qualités, du potentiel, mais rien de plus. Ce qui m'intéresse, c'est de

CONNAÎTRE L'HOMME, PAS SEULEMENT LE CARACTÈRE, MAIS LA FAMILLE, L'ADOLESCENCE, L'ENFANCE.

Le talent ? Non...

Didier Deschamps

C'est une histoire vieille comme le monde : certains croient au talent dit « inné » – au fameux « miracle de la nature » –, et d'autres au travail, à la répétition de ses « gammes », peu importe la discipline, qu'elle soit artistique, intellectuelle, manuelle ou encore sportive. D'Emmanuel Kant (1724-1804) à Nietzsche (1844-1900), il s'agit probablement de l'un des débats les plus intéressants que la philosophie puisse nous offrir.

En 1971, Jacques Brel expliquait : « Je prétends qu'un homme qui, tout à coup, rêve qu'il a envie de manger un homard a le talent, à ce moment-là, de manger un homard, de le savourer convenablement. Et je crois qu'avoir envie de réaliser un rêve, c'est le talent. Tout le restant, c'est de la sueur, c'est de la transpiration, de la discipline. Je suis sûr de ça. L'art, moi, je ne sais pas ce que c'est. Les artistes, je ne connais pas. Je crois qu'il y a des gens qui travaillent à quelque chose et qui travaillent avec une grande énergie. Et l'accident de la nature [le « don »], je n'y crois pas. » Premier arrêt : les prédispositions propres à chacun.

LE TALENT INNÉ

Le talent serait-il donc inné, issu d'une intervention divine venue comme un souffle, lui permettant ainsi d'exploiter ses capacités avec un avantage sur le reste de ses semblables ? Sur le sujet, Nietzsche avait un avis bien tranché. Pour lui, comme pour Jacques Brel, le miracle de la nature n'existe pas. C'est avant tout à raison d'une grande persévérance à travers un travail minutieux, consciencieux avec des échecs, puis un peaufinage de son art, c'est-à-dire avec une forme de progression au fil du temps qu'intervient le résultat d'une œuvre finale chez l'artiste. « Ne venez surtout pas me parler de dons naturels, de talents innés ! On peut citer dans tous les domaines de grands hommes qui étaient peu doués. Mais la grandeur leur est « venue », ils se sont fait « génies » (comme on dit) grâce à certaines qualités dont personne n'aime à trahir l'absence quand il en est conscient. Ils possédaient tous cette solide conscience artisanale qui commence par apprendre à parfaire les parties avant de se risquer à un grand travail d'ensemble ; ils prenaient leur temps parce qu'ils trouvaient plus de plaisir à la bonne facture du détail, de l'accessoire, qu'à l'effet produit par un tout éblouissant. » Emmanuel Kant propose un autre postulat : « Le génie est le talent (don naturel) qui donne les règles à l'art. Puisque le talent, comme faculté productive innée de l'artiste, appartient lui-même à la nature, on pourrait s'exprimer ainsi : le génie est la disposition innée de l'esprit (*ingenium*) par laquelle la nature donne les règles à l'art. » Toutefois, la réalité met cette hypothèse à rude épreuve si l'on se penche sur certains « génies » et la façon dont ils se sont construits en tant que tels. Ainsi, quand deux philosophes s'opposent, le débat est total mais reste toujours constructif et incite à la réflexion. C'est ici que nous allons utiliser les travaux d'un autre philosophe, Edgar Morin, pour aiguiller notre analyse.

En latin, *complexus* signifie « ce qui est tissé ensemble ». Dans son *Introduction à la pensée complexe*, le philosophe et sociologue Edgar Morin définit la complexité comme le résultat des multiples imbrications des domaines de la pensée. En d'autres termes, les champs de connaissances ne doivent pas être compartimentés et segmentés, mais appréhendés comme un ensemble d'éléments constituant un système global. D'après Morin, donc, la *pensée complexe* a pour mission de « rendre compte des articulations entre des domaines disciplinaires qui sont brisés par la pensée disjonctive (qui est un des aspects majeurs de la pensée simplifiante) ; celle-ci isole ce qu'elle sépare et occulte tout ce qui relie, interagit, interfère ». Ainsi, la réussite d'un homme ne peut se limiter à la notion de don ou de travail acharné. Il faut y ajouter les prédispositions propres à chacun et les étapes de sa vie qui lui ont permis de développer ses talents ; à savoir : un environnement favorable ou non à leur développement, en plus d'un héritage culturel et social défini chez le sociologue Pierre Bourdieu comme le *déterminisme social*. Dans les faits, nous ne sommes pas tous égaux et nous ne bénéficions pas tous du même environnement pour nous développer. C'est la dure loi de ce que certains aiment à appeler l'égalité des chances. En Formule 1, par exemple, au regard des coûts liés à la participation au sport automobile, ce n'est pas un hasard de retrouver beaucoup d'enfants issus de familles aisées ou d'enfants de pilotes dans la catégorie reine. Exception à la règle, vainqueur du Championnat du monde à sept reprises avec Mercedes et McLaren, Lewis Hamilton explique : « J'ai été élevé dans une classe moyenne laborieuse. Théoriquement, je n'avais aucune chance de parvenir à ce niveau : les gars contre lesquels on se mesure disposent de moyens tellement plus importants que le déséquilibre en devient malsain. De nos jours, l'argent joue un trop grand rôle. La formule 1 est devenue un club de fils de milliardaires et nous devons travailler pour changer cet état de fait afin que le sport soit accessible à tous ceux qui le méritent. »

UN ENVIRONNEMENT SOCIAL FAVORABLE

Ensuite, au-delà de l'aspect financier qui peut jouer un rôle majeur dans le développement d'un artiste ou d'un sportif, dans ce qu'on pourrait qualifier d'héritage social et culturel, il y a la notion d'environnement propice au développement du talent chez l'individu. Si nous prenons l'exemple de Mozart ou de Beethoven, élevés au rang de « génie » dans leur art, c'est sans rappeler que le premier était le fils d'un violoniste et compositeur ; et le second, fils d'un musicien, ténor à la cour de l'Électeur. Son grand-père paternel fut également musicien, compositeur, pianiste et chef d'orchestre. Est-ce que cela suffit à transformer un homme en génie ? La réponse est évidente : non, mais cela permet de profiter d'un environnement favorable au développement de ses capacités et de ses fameux talents… Pour Pablo Picasso, autre génie dans son art, le constat est similaire : son père, José Ruiz y Blasco, était un professeur de peinture à l'École provinciale des arts et métiers. Il paraît donc évident que ces trois hommes ont baigné très tôt dans un univers qui leur permettrait d'appréhender leur art progressivement.

À cela, il faut ajouter les étapes de vie comme le voyage, le contexte familial, les relations amoureuses, les échecs qui incitent à la persévérance et à la remise en question permanente, qui permettent à un artiste d'obtenir de nouvelles sources d'inspirations. Picasso, par exemple, s'est largement inspiré de l'art africain pour certaines de ses œuvres, comme *Les Demoiselles d'Avignon*, et il collectionnait les masques africains. Dans une lettre à son ami André Malraux, il avait d'ailleurs confié sa répulsion mais aussi sa fascination pour les œuvres d'art africaines. Dans la littérature, si Bukowski n'est pas le fils d'un artiste – mais d'un ivrogne qui le battait régulièrement, lui et sa mère –, la haine de son père l'a poussé vers la lecture qui lui permettait de s'évader d'un quotidien chaotique. Au départ de toute vocation, il y a forcément une part de mystère, mais aussi un contexte qui incite l'artiste à se diriger vers son art. Ensuite, le travail et la persévérance prennent une place prépondérante dans la réussite. D'une certaine façon, résumer le génie d'un homme à une quelconque intervention divine serait bien trop réducteur.

Pour ce qui est du contexte familial, reprenons les exemples de Mozart et de Beethoven, qui ont donc baigné très tôt dans l'univers musical. Les neurosciences et les recherches scientifiques nous permettent aujourd'hui d'affirmer que l'écoute de la musique dès le plus jeune âge permet de développer certaines capacités cognitives. Selon une étude présentée par des chercheurs de l'Institute of Education de l'université de Londres en janvier 2014, « la musique classique peut encourager le développement intellectuel de la population, en particulier des enfants. Les enfants qui étaient dans les premiers stades de l'enseignement primaire et écoutaient de la musique classique n'ont développé aucun type de préjugé, et quelques années après, ils ont été en mesure d'apprécier les différents types de musique, ce qui a augmenté leur concentration et leur autodiscipline. Les enfants ont été exposés à différents types de musique classique. Les pièces étaient variées, améliorant leur capacité à saisir les détails, distinguer des sons. D'autre part, il a également été montré que ces enfants pouvaient mieux explorer leurs sentiments et mieux utiliser leur imagination. » Environnement favorable, travail et sources d'inspirations multiples, contexte propice au développement de ses talents, autant

> ***« Tout ce qui est négatif, moi, je n'aime pas. Pression, stress… ? Non, c'est de l'adrénaline, de l'excitation. Après, il y a comment on appréhende l'environnement extérieur, qui peut avoir plus ou moins d'influence sur sa façon d'agir, de réagir. »***
>
> **Didier Deschamps**

de données qui permettent de mieux appréhender ce qu'on qualifie de façon assez minimaliste de génie. Sur le sujet, réfutant toujours la possibilité d'une intervention divine ou d'un miracle de la nature sur un homme ou une femme, Nietzsche expliquait : « Les artistes ont quelque intérêt à ce qu'on croie à leurs intuitions subites, à leurs prétendues inspirations ; comme si l'idée de l'œuvre d'art, du poème, la pensée fondamentale d'une philosophie tombaient du ciel tel un rayon de la grâce. En vérité, l'imagination du bon artiste, ou penseur, ne cesse pas de produire, du bon, du médiocre et du mauvais, mais son jugement, extrêmement aiguisé et exercé, rejette, choisit, combine ; on voit ainsi aujourd'hui, par les carnets de Beethoven, qu'il a composé ses plus magnifiques mélodies petit à petit, les tirant pour ainsi dire d'esquisses multiples. Quant à celui qui est moins sévère dans son choix et s'en remet volontiers à sa mémoire reproductrice, il pourra le cas échéant devenir un grand improvisateur ; mais c'est un bas niveau que celui de l'improvisation artistique au regard de l'idée choisie avec peine et sérieux pour une œuvre. Tous les grands hommes étaient de grands travailleurs, infatigables quand il s'agissait d'inventer, mais aussi de rejeter, de trier, de remanier, d'arranger. » Mozart le disait lui-même : « Je continue à composer parce que cela me fatigue moins que de me reposer. » Le génie chez Mozart, c'est donc aussi l'obsession de perfection qu'il avait pour son travail.

LA CAPACITÉ À TRAVAILLER

Dans son livre *La vie est une partie d'échecs*, Garry Kasparov raconte : « Pourquoi une grande faculté de travail n'est-elle pas considérée comme un don ? À mes yeux, ce n'est pas un compliment de dire à quelqu'un qu'il a "fait beaucoup avec peu", même si c'est censé en être un. [...] Cette dernière tendance m'a toujours frappé par son injustice. [...] Il est incontestable que les plus grandes réussites sont le fruit de grandes dispositions naturelles auxquelles s'ajoute de travailler dur. » Sur le sujet, Kasparov cite ensuite un vétéran de l'association nationale de basketball, prenant pour exemple Michael Jordan : « Sans sa continuelle exigence de travail, Jordan ne serait qu'un athlète talentueux parmi d'autres, sans dimension historique. » Kasparov ajoute : « Je comprends ce sentiment, mais encore une fois ce commentaire laisse supposer que la discipline de Jordan et sa propension au travail ne font pas partie intégrante de son talent. La capacité de repousser ses limites jour après jour, et de le faire effectivement, n'est pas aussi visible que les dons physiques, mais c'est, chez Jordan, un talent inné qu'il a cultivé. » En vérité, cette exigence de travail et cette discipline au quotidien, Michael Jordan les a probablement acquises dès le plus jeune âge au contact de son père, James Jordan, ancien joueur semi-professionnel de baseball qui avait tenté de transmettre sa passion à ses enfants et qui encourageait particulièrement le petit Michael à suivre une carrière sportive. Si MJ s'essaie quelque temps au baseball suite au décès de son père, il revient vite au basket et

Selon Philippe Lucas, lorsque vous êtes entraîneur, « il faut reconnaître qu'il est parfois plus facile de réussir dans certains contextes que d'autres. Par exemple, quand vous êtes entraîneur dans une université aux États-Unis – ou dans un pays avec une vraie culture sportive –, ce n'est pas du tout la même chose qu'être maître-nageur à Melun au mois d'août... »

retrouve ses premières amours sur le parquet, pour le plus grand bonheur des Bulls de Chicago. La motivation, la discipline au travail et la détermination, voire l'obsession pour son art dans certains cas, sont des qualités propres à chacun, qui peuvent être le fruit d'un héritage culturel et social. En d'autres termes, tout le monde ne met pas et ne peut pas mettre le même cœur à l'ouvrage en quête de la réussite. Vient ensuite le hasard des rencontres ou ce que certains aimeront à appeler le *destin* ; quel aurait été le parcours de Laure Manaudou, par exemple, si Philippe Lucas ne l'avait pas repérée quand elle avait 14 ans, avant de l'accueillir chez lui ? Quand on a du talent, il faut aussi parfois suivre un plan pour atteindre ses objectifs.

LA FORCE DU MENTAL

Toujours dans l'univers du sport, il faut donc comprendre à quel point la résilience occupe une place prépondérante dans la réussite, mais aussi dans ce qu'on peut qualifier de façon assez simpliste l'envie de s'en sortir et de prouver quelque chose aux autres et à soi-même. Sur le sujet, Patrick Chamagne, ancien entraîneur de Gaël Monfils, explique : « Pour moi, le mental se travaille comme le coup droit et le revers. Je pense que la FFT fait tout pour que ses athlètes arrivent le plus haut possible, mais en faisant cela, elle les surprotège. Et tout est beaucoup plus facile pour y arriver. Je vais prendre l'exemple de Stan Wawrinka. Stan est un immigré polonais en Suisse, qui n'est pas un pays évident, qui s'est battu. Les Français passent des paliers et ils arrivent à ce niveau sans s'en rendre compte. Un garçon comme Gaël, quand il est allé à Indian Wells, c'était son premier classement à un chiffre, il était neuvième mondial. Il était douzième la semaine précédente et là il était neuvième. Quand je suis arrivé au petit déjeuner en lui disant que c'était génial, il m'a dit qu'il n'arrivait pas à s'en rendre compte. Je pense qu'ils arrivent là en travaillant, mais je pense qu'ils ne s'en rendent pas compte, ils ne prennent pas la mesure de l'endroit où ils sont parce qu'on leur a mâché le travail. Ils les ont pourtant faits, ces efforts. C'est typique d'Amélie [Mauresmo], par exemple, elle avait plein de choses à prouver parce qu'elle avait été attaquée sur son homosexualité en 1999 à l'Open d'Australie. C'était dramatique ce qu'il se passait avec elle. Mais c'est une fille qui a eu envie de s'en sortir et je l'admire énormément. Elle a pris le bon côté de ce que la Fédération lui donnait, mais elle a eu ce supplément d'âme car elle avait des choses à prouver, à elle-même et aux gens. »

DE L'IMPORTANCE D'AVOIR DES ACTIVITÉS DIVERSIFIÉES

En reprenant les thèses d'Edgar Morin sur la pensée complexe, nous pourrions citer l'exemple d'Albert Einstein, régulièrement cité dans la catégorie des génies. Spécialiste de la créativité et de l'innovation, Ken Robinson explique : « Le cerveau humain est éminemment interactif. Dans toutes les tâches que nous réalisons, nous utilisons plusieurs zones cérébrales. En fait, c'est un usage dynamique du cerveau, consistant à établir de nouveaux rapports entre les choses, qui permet de trouver des idées véritablement innovantes. Les inventions scientifiques et mathématiques d'Einstein sont connues de tous. Il n'empêche que, désireux de mettre à profit tout défi intellectuel, il s'intéressait à toutes les formes d'expression. Par exemple, il interrogeait des poètes afin d'en apprendre davantage sur le rôle de l'intuition et de l'imagination. Ses accomplissements ne sont pas dus à la force brute de son processus mental, mais à son imagination et à sa créativité. » Et, comme nous l'avons vu précédemment, l'écoute et le travail musical à partir d'un certain âge permettent justement de développer sa créativité et de mieux utiliser son imagination, tout en favorisant le développement intellectuel. Aspect méconnu de son parcours, Einstein avait débuté très tôt l'apprentissage de la musique classique par l'intermédiaire du violon, en se prenant de passion pour Mozart quelques années plus tard. On raconte que « souvent, quand ses recherches aboutissaient à un cul-de-sac, Einstein prenait son violon et se mettait à jouer. Après quelques instants, il s'arrêtait et eurêka ! il trouvait une solution. »

TRAVAIL ET RÉSILIENCE

Finalement, en raison des inégalités sociales et de la nature – et de ces fameuses prédispositions ou d'un environnement plus favorable qu'un autre à leur développement –, le plus grand talent qu'un homme puisse acquérir est sa résilience face à l'échec, afin de continuer à progresser vers les buts qu'il s'est fixés. En février 2021, le sociologue français Pierre-Michel Menger expliquait : « Le talent, ce n'est pas simplement un répertoire de compétences et de savoirs certifiés par un diplôme, c'est aussi la capacité d'agir dans un environnement plus incertain, et d'apprendre ainsi ce que valent les dispositions qu'on détient, et de les modifier au besoin. [...] Étudier le talent, c'est explorer les dimensions multiples et paradoxales des inégalités de capacité et de réussite, leurs domaines favoris d'expression, et leur longue histoire. » Ancien junior de l'académie de Manchester United à la veille de l'éclosion de la génération dorée du club, n'ayant pas percé au haut niveau, Raphael Burke raconte : « Il faut être exigeant pour réussir ici. Je pense que j'avais du talent, mais je ne m'impliquais pas autant qu'eux [Beckham, Giggs, Scholes, Butt ou encore les frères Neville], quand on me demande : "Comment était Beckham ? Comment était Giggs ?", je réponds : "Avant tout, ils se sacrifiaient." » Quand on évoque le tennisman Rafael Nadal, on loue généralement sa puissance et sa résilience. Mais ceci est le résultat d'un long travail effectué depuis son plus jeune âge, aux côtés de son oncle, Tony Nadal. « J'ai travaillé dur pour être là, mentalement, physiquement et tennistiquement. C'est ma plus belle victoire, le travail du quotidien et la motivation d'être de retour, plus que les titres. [...] Tu travailles mentalement en allant sur le court tous les jours. Tu ne te plains pas quand tu joues mal, quand tu as des problèmes, des douleurs. Tu adoptes la bonne attitude, le bon visage. Tu n'es pas négatif malgré tous les soucis. Tu vas sur le court tous les jours avec passion pour continuer à t'entraîner. C'est ça, le travail mental. Je l'ai fait pendant toute ma carrière, ne pas être frustré quand les choses ne vont pas dans le bon sens, ne pas être trop négatif. C'est grâce à ça que j'ai toujours réussi à revenir. » De son côté, l'entraîneur du joueur le plus titré de l'histoire du tennis explique que pour réussir « il n'y a que deux secrets : le travail et la simplicité ». Qu'en est-il pour Didier Deschamps ? La réponse se trouve dans les prochaines pages.

anasonic

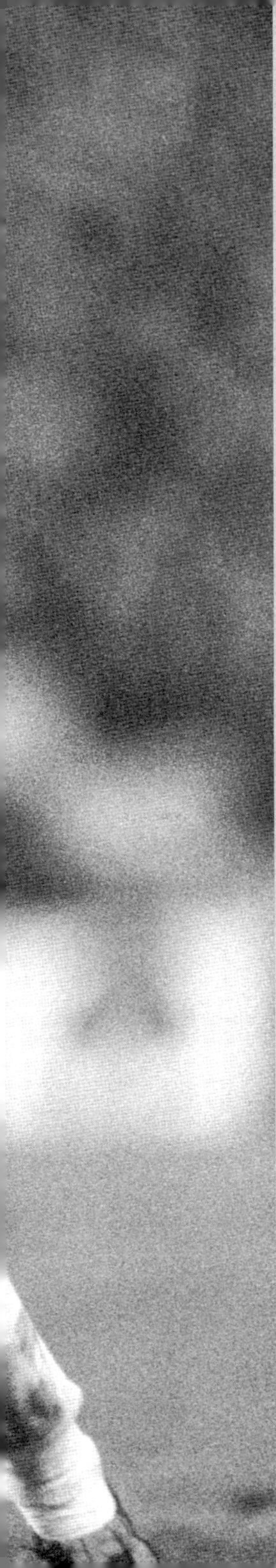

CHAPITRE 1

D'ANCIEN JOUEUR À ENTRAÎNEUR, la marche est haute

C'est une question
que Didier Deschamps
s'est forcément posée :

EST-CE QU'UN ANCIEN GRAND JOUEUR DEVIENDRA FORCÉMENT UN BON ENTRAÎNEUR ?

À vrai dire, à la suite de sa carrière de joueur, commencée en 1985 du côté du FC Nantes puis, conclue sur les pelouses du FC Valence en 2001 (103 sélections au total avec l'équipe de France, pour 564 rencontres disputées en club), l'actuel sélectionneur tricolore s'est immédiatement penché sur la question. Sur les murs du centre de formation du FC Nantes, premier club professionnel pour Didier Deschamps, l'épigraphe « Celui qui renonce à devenir meilleur cesse d'être bon » a pu le faire réfléchir. En 2019, il en restitue une version personnelle et explique que selon lui, « il y a toujours la possibilité de faire mieux, de s'améliorer, même si cela a permis de réussir ou de gagner. Ce n'est pas se contenter de ce qu'on a fait, mais s'enrichir et se nourrir de ce qui a été bien fait pour pouvoir encore améliorer certaines choses.● »

« Celui qui renonce à devenir meilleur cesse d'être bon. »

Au-delà même de cette interrogation presque évidente, il s'agissait davantage de choisir une orientation en adéquation avec son passé glorieux : « Quand j'ai arrêté de jouer, explique-t-il, je me suis interrogé pour savoir si j'allais devenir technicien, et surtout, quel technicien ? Transmettre aux jeunes ? Après tout ce que j'ai connu et vécu, je ne pouvais pas m'en contenter. Ce n'était pas possible, je n'aurais pas été en adéquation avec moi-même. » Ainsi, seulement quelques semaines après avoir raccroché les crampons, Deschamps rejoint l'AS Monaco afin de prendre la tête de l'équipe première. Premier fait d'armes notable : une précocité à s'intégrer à son nouvel environnement, initiée par ses premiers pas dans le monde du football : « Très tôt, je me suis mis à l'écoute des autres. J'ai pu les aider. Il y a du plaisir à prendre des responsabilités, je m'en suis nourri. Pour moi, ce

● Des mots d'un autre manager à la réputation internationale, Jean Todt (directeur de la Scuderia Ferrari, durant les années Michael Schumacher) : « Comme je le dis souvent, seuls les médiocres ont atteint leur maximum. »

n'était pas un poids, c'était mon oxygène. » Ancien entraîneur historique du Neuchâtel Xamax (en Suisse), Gilbert Greiss explique : « Vous savez, on ne devient pas entraîneur ; on l'est déjà sur le terrain. Moi, à 12 ans, je donnais des petits billets avec des consignes à mes copains, je les plaçais dans la cour d'école ; j'étais déjà entraîneur. Le reste, je l'ai surtout appris en observant les grands joueurs. » Comme lui, Deschamps manie les deux principaux atouts d'un grand manager dès le début de sa carrière de joueur : l'écoute et l'observation.

Vient ensuite la remise en question comme principal mantra. Stimuler sa créativité au quotidien, c'est chercher à comprendre comment fonctionnent les choses en se posant les bonnes questions – Pourquoi ? Et si ? Comment ? Dans quel dessein ? – afin de stimuler son processus de réflexion. Deschamps toujours : « Joueur, j'avais une attitude d'ouverture d'esprit. Je cherchais sans cesse à savoir pourquoi, comment, je regardais ce qui se passait autour. Quand on est dans des prédispositions pareilles, ça permet d'emmagasiner énormément d'informations avant même d'entraîner. Sur le fond, tu passes d'un métier où tu dois d'abord penser à toi, à un autre où tu dois défendre l'idée d'un collectif primaire. Tu dois aussi admettre le fait que si, quand tu es joueur, tu peux changer les choses sur le terrain, quand tu es entraîneur, tu n'as plus cette possibilité. Tu dépends des joueurs, ta réussite, c'est d'abord celle de tes hommes. » Nicolas Dehon, ancien entraîneur des gardiens à l'OM sous Deschamps entre 2010 et 2012, est un témoin direct de cette remise en question permanente : « Je suis sûr qu'il se remet en cause, il ne se dit pas : "Je suis le plus fort je vais y aller avec ma méthode". Je pense qu'il fait des ajustements parce que c'est quelqu'un de très intelligent en compagnie de Guy Stéphan qui l'aide beaucoup. »

Par conséquent, pour « DD », savoir s'appuyer sur son expérience d'ancien joueur représente une donnée primordiale : « Avant de prendre une décision, je réfléchis et je m'appuie sur ce que j'ai connu. Je pense que mon vécu m'a évité de faire des bêtises. » Même si lors de ses premiers pas en tant qu'entraîneur, comme le Basque le reconnaît aisément : « J'ai fait des erreurs, qui n'ont pas toujours porté à conséquence. Sans doute même ai-je été un peu trop franc. J'ai trop dit qu'il m'était arrivé de me tromper. De plus, j'avais tendance à trop communiquer au début. C'était usant et inutile. On se rend compte que trop parler complique les choses.[1] »

ENTRAÎNER : UN CONTRAT À DURÉE DÉTERMINÉE

Si Deschamps a décidé de sauter dans le grand bain immédiatement, en passant ses diplômes alors qu'il était déjà entraîneur (en 2003, à Clairefontaine), ce n'est pas le cas de tous les anciens joueurs. Zinedine Zidane, par exemple, a pris son temps avant de se jeter dans le grand bain. D'abord en étudiant au Centre de droit et d'économie du sport de Limoges (le CDES, qu'il a rejoint en 2011), en quête d'un diplôme de manager général de club sportif professionnel. Ensuite, le natif de Marseille a pris le poste d'entraîneur-adjoint (aux côtés de Carlo Ancelotti), avant d'entraîner la Castilla, l'équipe réserve du Real Madrid (en 3e division espagnole). En 2016, à la suite de l'acquisition de ses diplômes d'entraîneur, Zidane devenait le nouvel entraîneur du club madrilène. Une arrivée saluée par Deschamps avec des mots simples : « Bienvenue dans le monde des fous. »

« Bienvenue dans le monde des fous. »
Didier Deschamps

Or, c'est ici que réside l'une des grandes forces de l'ancien coach marseillais : savoir s'analyser, connaître ses forces et agir en conséquence. Puis, suivre son chemin avec détermination… Là, où certains ont vite compris, à juste titre, que la profession de manager, ou bien d'entraîneur, représentait une tâche bien trop lourde au quotidien. De fait, En 2019, une étude menée par le Boston Consulting Group (BCG) et l'Ipsos, expliquait que devenir manager ne fait plus rêver aujourd'hui, une donnée qui s'accentue dans les pays occidentaux où 37 % des managers souhaitent le rester, et seulement 1 employé sur 10 souhaite le devenir. En France, 85 % des managers interrogés trouvent que leur métier est devenu plus « compliqué » qu'auparavant. Ils se sentent également plus « débordés » (78 % *vs* 71 %), plus « stressés » (74 % *vs* 69 %) et plus « démotivés » (59 % *vs* 52 %). Dans les faits, si ces chiffres ne portent pas sur le monde du football, il existe pourtant des similarités entre les maux et les troubles évoqués à travers cette étude. En 2020, l'Observatoire du football CIES mettait d'ailleurs en avant la précarité du métier d'entraîneur. En analysant les 84 premières divisions du monde entier (entre janvier 2015 et décembre 2019), le résultat est sans appel : la durée de vie moyenne d'un coach au sein d'un club équivaut à 40,6 rencontres... Soit, un temps plus que réduit. « DD » ne s'y trompait pas quand il saluait Zidane en faisant référence au « monde des fous ».

D'autres anciens joueurs passés entraîneurs révèlent au grand jour le désarroi face aux contraintes de leur nouveau poste. Là, où certains ont vite compris, à juste titre, que la profession de manager, ou bien d'entraîneur, représentait une tâche bien trop lourde au quotidien.

« J'étais très confiant quand j'étais joueur et je ne ressentais plus cela en tant qu'entraîneur, explique Marco van Basten, l'ancienne gloire de l'Ajax Amsterdam. J'avais beaucoup de mal à l'accepter. Je l'ai senti dès que j'ai démarré ma carrière d'entraîneur, en fait. Quand vous participez au jeu, vous le voyez, vous le sentez. Je sens le football, mais il est difficile de transmettre ça aux joueurs. Il y a une grande différence entre un bon joueur et un bon coach●. » De son

● Dans un autre registre, en 2007, Steve Jobs expliquait : « Les gens disent qu'il faut beaucoup de passion pour faire ce que vous faites (diriger une équipe, *nda*), et c'est absolument vrai. Parce que c'est tellement difficile que si vous n'avez pas cette passion, n'importe qui de rationnel abandonnerait. » De la passion oui, mais surtout une résilience mentale à toute épreuve. De son côté, Deschamps garde sa motivation « intacte », parce que « la passion est toujours intacte ».

côté, l'ancien entraîneur de l'AC Milan, Vincenzo Montella, explique : « Quand j'ai commencé à entraîner, je me suis inscrit à un parcours universitaire pour prendre des cours de psychologie et de management. Parce que se baser uniquement sur ce que je vois sur le terrain n'est pas suffisant. Chaque joueur a une culture et un caractère différents. C'est pour cela que j'observe beaucoup ce qui se passe dans les vestiaires et dans la vie. » Le comportement d'un groupe peut aussi être dicté en partie par des réalités culturelles●●. En conséquence, il ne suffit pas uniquement de regarder beaucoup de matchs, d'être un ancien joueur puis, de passer ses diplômes, apprendre par cœur tel ou tel exercice et de répéter méticuleusement certains mots-clés pour diriger un groupe. « La société est passée de la verticalité à l'horizontalité, développe Arsène Wenger. Un entraîneur en 1960 disait : "Les gars, on fait comme ça" et personne ne discutait. Aujourd'hui, il faut d'abord convaincre. Le joueur est riche. La caractéristique du riche, c'est d'abord la nécessité de devoir le convaincre. Parce qu'il a un statut. Une façon de réfléchir. Les gens aujourd'hui sont informés. Ils ont donc une opinion. Et pensent que leur opinion est la bonne. Ils ne partagent pas forcément la mienne, donc je dois les convaincre. »

●● Avant son décès, Steve Jobs expliquait : « Dans les affaires, mon modèle ce sont les Beatles. Quatre types qui contrôlaient mutuellement leurs penchants négatifs. Qui s'équilibraient et composaient un ensemble plus grand que la somme de ses parties. C'est comme ça que je vois l'entreprise. Les grandes choses n'y sont jamais réalisées par une seule personne, elles sont faites par une équipe. » La diversité est toujours une force qu'il faut savoir apprivoiser : « Une chose trop oubliée, dit le renard, qui signifie créer des liens. »

« J'étais très confiant quand j'étais joueur et je ne ressentais plus cela en tant qu'entraîneur. »
Marco van Basten

LA FORCE DE CONVICTION

Pour Deschamps, « convaincre » : cela passe avant tout par transmettre au quotidien l'idée maîtresse de sa philosophie, à savoir « la gagne ». « Didier a la gagne en lui, il sait passer ses messages. J'ai assisté à toutes ses causeries avant les matchs, il nous hérisse les poils des bras. Il donne, transmet quelque chose et les joueurs sont motivés. Il maîtrise l'événement. Pour les plus stressés, il arrivait à diminuer la pression. À Marseille, la deuxième saison, on est 14e ou 15e et tout le monde pense qu'on va se faire virer. Finalement, on gagne la Coupe de la Ligue », expliquait d'ailleurs Nicolas Dehon en 2022.

« Aujourd'hui, il faut d'abord convaincre des gens qui sont informés et qui pensent que leur opinion est la bonne. Ils ne partagent pas forcément la mienne, donc je dois les convaincre. »

Arsène Wenger

Ainsi, lorsque Deschamps arrive à l'AS Monaco, ses premiers mots sont lourds de sens : « J'ai à transmettre aux joueurs le beau message de la victoire. Je ne viens pas à Monaco pour participer. Je viens pour gagner des matchs, le plus de matchs possible. » À vrai dire, si les premiers mots de Didier Deschamps en arrivant à l'AS Monaco sont lourds de sens, son départ l'est tout autant. Entre mauvais résultats et ambiance en berne dans le vestiaire, « DD » va prendre la décision de démissionner, en renonçant à ses indemnités (chose qu'il reproduira du côté de la Juventus Turin, en 2007). Surtout, ce sera l'époque des premiers conflits avec sa direction : « Je suis l'entraîneur. Moi, je fonctionne comme ça, explique-t-il, en 2018. C'est moi qui entraîne les joueurs, c'est quand même mieux que ce soit moi qui les choisisse. » En conséquence, Deschamps ajoute : « Je ne dis pas que je ne peux pas me tromper, mais si je me trompe, c'est parce que j'aurais fait les mauvais choix. Mais que je me plante pour les choix d'autres personnes, non. Je ne vois pas les choses comme ça. On peut discuter, mais au bout d'un moment, voilà… Cela peut m'énerver aussi. » En vérité, au regard de la durée de vie limitée d'un entraîneur dans un club (et d'une réalité économique à prendre en compte), il est logique que le choix des joueurs s'établisse main dans la main avec un directeur sportif. Ainsi, comme il le reconnaîtra par la suite : « Je n'aurais pas dû (démissionner), mais j'étais plus jeune, aussi. J'étais moins flexible et plus radical. »

Deschamps est un homme pressé. Mais cela ne va pas l'empêcher d'exclure son ego de l'équation : « Ce sont eux, les joueurs, qui me feront devenir un grand entraîneur. Et si ça se passe mal, ce sera ma faute. Un entraîneur est responsable à 20 % des succès et à 80 % des échecs. » Mieux encore, « DD » connaît la règle du jeu mieux que personne : « Ma gloire, je l'ai eue en tant que joueur. Ce sont les joueurs qui sont sur le terrain et obtiennent les résultats. » Ici, en évoquant une forme de « mise en retrait » à l'égard de la notion du résultat, les mots délivrés par l'ancien directeur de la natation française, Claude Fauquet ●

● Dans l'ouvrage *Les plus grands managers du sport se confient* (Amphora), Claude Fauquet ajoute : « Je pense qu'il est nécessaire de comprendre pourquoi dans certaines conditions, certains managers vont réussir, et pourquoi d'autres non. Pour faire un parallèle avec le football par exemple, on sait que certains joueurs qui n'arrivent pas à s'imposer dans un club vont parvenir à le faire dans un autre, et parfois même y prendre une autre dimension. Donc, si c'était eux qui n'étaient pas "bons", je ne vois pas pourquoi ils réussiraient ailleurs. Pour moi, il faut donc chercher avant tout à manager "l'environnement" pour créer les conditions pour que les potentiels puissent s'exprimer au maximum. Pour cela, il faut beaucoup d'humilité, mais aussi beaucoup d'ambition. C'est peut-être ça la formule d'ailleurs : humilité pour soi, et ambition pour les autres. »

rejoignent ceux de l'actuel sélectionneur tricolore : « En vérité, il n'y a surtout pas de "secrets". Même si, dans le sport, on a souvent cette idée-là qu'il existerait des formules magiques, ou ce genre de choses qui pourraient expliquer les raisons d'une réussite sportive. Moi, je pense que cela n'existe pas. Par contre, il y a quelque chose – comme pour les athlètes, d'ailleurs – qui doit être profondément ancré dans la personnalité d'un manager, c'est sa volonté de faire réussir les gens qui l'entourent et les gens qui se trouvent sous sa responsabilité. Quelque part, il y a donc une forme d'éthique morale qui doit se mettre en place avec le groupe qu'on dirige, plus qu'une recherche de quelconques "secrets". Parce que, il faut bien comprendre ceci : la reconnaissance personnelle et les résultats potentiels ne peuvent jamais être la source de motivation première d'un manager. À partir du moment où son propre ego se retrouve en jeu, je pense qu'on développe intrinsèquement les conditions pour que les choses se passent mal. » Ainsi, lorsque Deschamps évoque son premier coup tactique à la tête de l'équipe de France (1-1 face à l'Espagne, en 2012, considéré comme un nul au goût de victoire par beaucoup d'observateurs), il reste modeste : « Ce n'est pas pour moi (cette réussite d'avoir obtenu ce résultat, *nda*), je suis au service des joueurs. Je ne suis pas là pour faire valoir. » Pourtant, à l'issue de cette rencontre, les joueurs de l'équipe de France vont applaudir leur sélectionneur dans le vestiaire, comme un gage de reconnaissance pour le travail effectué.

L'AUTORITÉ CHARISMATIQUE

Si le passé d'ancien joueur ne représente pas nécessairement un élément prépondérant dans la réussite d'un entraîneur (beaucoup d'entraîneurs n'ont même pas évolué au niveau professionnel, à l'image de Mourinho, Villas-Boas, Nagelsmann, Sacchi, Jardim ou encore Benitez), cela permet surtout à Deschamps d'obtenir un crédit supplémentaire auprès de son groupe. Dans son ouvrage *Le Savant et le Politique* (1919), le sociologue Max Weber précise que la jeunesse « commet parfois une erreur en cherchant dans le professeur autre chose qu'un maître face à ses élèves : elle espère trouver un chef, et non un professeur ». Un chef de meute plus qu'un puits de science. Un leader plus qu'un entraîneur. Afin d'appuyer sa thèse, Weber utilise l'exemple du « jeune Américain » qui « ne respecte rien ni personne, ni tradition ni situation professionnelle, mais il s'incline devant la prouesse personnelle d'un quelconque individu. […] Il se fait de son professeur une idée simple : celui-ci lui vend des connaissances et des méthodes pour l'argent de son père, exactement comme la marchande de légumes vend des choux à sa mère. Rien d'autre. Si le professeur est, par exemple, un champion de football, on n'hésitera pas, il est vrai, à le considérer comme un chef dans ce domaine précis. Mais s'il ne l'est pas (ou s'il n'est pas quelque chose de similaire dans un autre sport), il n'est qu'un professeur et rien de plus. » Ainsi, pour Weber, « il ne viendrait jamais à l'idée du jeune Américain que son professeur pourrait lui vendre des "conceptions du monde" ou des règles valables pour la conduite de la vie. » En d'autres termes, avant de convaincre : il faut séduire. Et le palmarès de Deschamps – ainsi que son aura naturelle – renforcent forcément les chances de réussite dans cette mission : « J'essaye d'être toujours à l'écoute. Il a tout gagné, donc il faut l'écouter », abonde Antoine Griezmann, petit protégé du Basque depuis son arrivée en équipe de France (en 2014, à l'aube de la Coupe du monde au Brésil). Même son de cloche du côté de Presnel Kimpembe : « Il a ce côté humain. Le fait d'avoir été joueur, je pense que ça nous a créé des liens un peu plus facilement qu'avec d'autres, donc c'est quelque chose qui est plutôt positif. » Interrogé en 2014 sur sa relation avec Didier Deschamps, Olivier Giroud n'en dit pas moins : « On a beaucoup de respect pour sa carrière, pour ce qu'il a accompli en tant que joueur et entraîneur, ça lui donne une grande crédibilité et une grande légitimité à nos yeux. » D'ailleurs pour Guy Stephan, Deschamps n'aurait qu'un seul véritable défaut[2] : « Quand il était à Marseille, la troisième année, il mangeait trop de bonbons… »

Grâce à son passé d'ancien joueur[3] donc, Deschamps incarne ainsi à merveille le concept d'autorité charismatique qui, selon Weber, « se caractérise par le dévouement tout personnel des sujets à la cause d'un homme et par leur confiance en sa seule personne en tant qu'elle se singularise par des qualités prodigieuses (le statut d'ancien champion du monde et l'aura d'une légende du football, par exemple), par l'héroïsme ou d'autres particularités exemplaires qui font le chef. C'est là le pouvoir "charismatique" que le prophète exerçait ou, dans le domaine politique, le chef de guerre élu, le souverain plébiscité, le grand démagogue ou le chef d'un parti politique ». Comprenez, Deschamps appartient à une caste "supérieure", il est de ceux qui ont déjà séduit avant même d'être arrivés – même si cela ne garantit pas le succès sur la durée. De son propre aveu : « Je savais très bien quand je basculais, que j'avais une légitimité grâce à mon passé de joueur, mais, au niveau de ma crédibilité en tant qu'entraîneur, j'avais tout à faire. »

« ***Je savais très bien quand je basculais, que j'avais une légitimité grâce à mon passé de joueur, mais, au niveau de ma crédibilité en tant qu'entraîneur, j'avais tout à faire.*** »

Didier Deschamps

En vérité, si le concept d'autorité charismatique peut représenter un atout majeur pour n'importe quel manager, l'aura de celui qui en dispose disparaîtra « si la confirmation tarde à venir, si celui qui possède la grâce charismatique paraît abandonné de son dieu (à savoir, de ses victoires), de sa puissance magique ou de sa puissance héroïque, si le succès lui reste durablement refusé, si, surtout, son gouvernement n'apporte aucune prospérité à ceux qu'il domine. » Au sujet de la crédibilité acquise par un ancien joueur devenu entraîneur, Gilbert Gress renchérit : « Un joueur comprend très vite à qui il a affaire, si l'entraîneur qu'il a en face de lui est crédible ou non. L'admiration pour un grand nom, ça dure quinze jours. Ce qui compte, ce sont les résultats que vous obtenez. » C'est la dure loi du sport : le résultat est une donnée friable, aléatoire. Avec des conséquences au quotidien. Deschamps toujours : « Il y a une différence énorme dans l'état d'esprit d'un groupe après une victoire ou une défaite, autour de l'environnement du club, du moral des joueurs et de leur comportement. » Marcelo Bielsa souligne lui aussi – en 2015 alors qu'il entraîne l'Olympique de Marseille – l'ingratitude des résultats. « Il y a deux types d'entraîneurs. Ceux qui accompagnent les joueurs et ceux qui interviennent. Quand les choses vont bien, on salue la flexibilité du technicien qui accompagne et la capacité à conduire le groupe de celui qui intervient. Et quand nous perdons, celui qui accompagne est critiqué pour un manque de discipline. Et à celui qui est rigide, on lui reproche de saturer les joueurs et de les fatiguer. Ce qui est vrai, c'est que, lorsqu'une équipe perd, indépendamment des caractéristiques de l'entraîneur, il reste seul et tout le monde prend ses distances. Il est naturel qu'un joueur repousse le système dont il faisait les éloges quand cela ne donne plus de résultats. Je ne suis pas une exception. » À vrai dire, aucun entraîneur ne déroge à cette règle. Pas même Didier Deschamps, qu'il s'agisse d'un ancien champion du monde ou non.

LE DÉVELOPPEMENT D'UNE CRAINTE SALUTAIRE

Bien conscient de cette donnée, face à son groupe, Deschamps ne pousse pourtant pas à outrance l'utilisation de sa carrière de joueur, ou de son expérience en tant que tel : « Son passé de joueur, explique Édouard Cissé, finaliste de la Ligue des champions aux côtés du Basque en 2004, il ne nous le ressort pas toutes les cinq minutes. On discute, il nous dit ce qu'il pense, mais il nous répète aussi toujours que c'est nous qui sommes sur le terrain, et que c'est à nous de trouver les solutions. » Pour n'importe quel entraîneur, le but n'est jamais d'appréhender son équipe comme un automate, mais de développer une forme d'intelligence collective. Sur ce point, Ancien entraîneur de l'Ajax Amsterdam et sélectionneur de l'équipe de France dans les années 1970, avec une place importante dans le développement du football français, Ştefan Kovács détaille : « Si l'entraîneur a de l'expérience, s'il connaît la pédagogie et la psychologie, quelques mots, chaque jour, conviennent. Le jour du match, il n'a plus qu'à coudre le dernier bouton à un costume terminé. Mais, de toute manière, son intelligence ne remplacera jamais celle des joueurs. » Un vrai leader cherche à développer d'autres leaders•.

Ensuite, pour Deschamps, grâce à son expérience et à son vécu d'ancien joueur, il s'agit de savoir faire régner une « crainte salutaire », au sein de son vestiaire. Et à ce petit jeu-là, « DD » sait parfaitement sur quels leviers appuyer pour piquer ses joueurs au vif quand il le faut. « Il arrive à vous amener à un objectif commun et à vous concentrer toute l'année sur cet objectif », selon son ancien joueur à l'OM, Fabrice Abriel. D'après le principal concerné : « Cela passe par des discussions collectives, des entretiens individuels. Parfois, des discussions assez dures. Je peux être très dur. » Mais il se justifie en 2012 « Je ne suis pas dur avec les joueurs pour le plaisir d'être dur. Mais c'est parce que je pense que c'est le moment d'être dur pour eux et pour le bien de l'équipe. »

En outre, selon son adjoint historique, Guy Stéphan, Didier Deschamps fait rarement des critiques individuelles en présence de l'entièreté de son groupe. Cependant, cela peut arriver : en 2018, lors du Mondial en Russie, à la suite de la victoire poussive des Bleus face à l'Australie (en match d'ouverture, 2 buts à 1), le Basque décide de recadrer légèrement l'attaquant vedette de son équipe, Kylian Mbappé. Face à son groupe, le sélectionneur aborde le cas des joueurs qui ont le moins couru « à haute intensité » : « Kylian, c'est celui qui en a fait le moins : 3 %. Pourtant, la vitesse, c'est ta qualité… » En vérité, s'il faut être capable de dire certaines vérités à ses joueurs, tout est une question de dosage. Dans son autobiographie, Sir Alex Ferguson raconte comment il s'y prenait avec ses stars : « Ton match c'était de la merde… Pour un joueur de ton calibre. » Ou comment manier à merveille l'art de la subtilité. De son côté, l'ancien capitaine historique de Liverpool, Steven Gerrard expliquait : « Je pense que les joueurs réagissent plus quand ils sont provoqués. » Sans dramaturgie, ou quelconque forme d'humiliation. En tant qu'entraîneur de la Castilla madrilène, Zinedine Zidane aussi expliquait son recours à des « coups de gueule » ponctuels. « J'ai découvert que, pour le bien commun, il fallait savoir dire à des joueurs des choses qu'ils n'étaient pas prêts à entendre. Si tu es

Considéré comme l'un des généraux les plus importants de l'histoire américaine, le général Patton expliquait : « Ne dites jamais aux gens comment faire les choses. Dites-leur de les faire et ils vous surprendront par leur ingéniosité. »

Dans *L'Art de la guerre*, Sun Tzu explique : « Vous devez aimer tous ceux qui sont sous votre conduite comme vous aimeriez vos propres enfants », ajoutant cependant « qu'il ne faut pas en faire des enfants gâtés ; ils seraient tels si vous ne les corrigiez pas lorsqu'ils méritent de l'être. »

lisse avec tes gars, ça ne marche pas. J'ai découvert que je pouvais crier dans un vestiaire à la mi-temps et que cela avait un effet positif sur mes joueurs en seconde période. Je le fais rarement, car je pense avoir une autorité naturelle qui ne m'oblige pas à la ramener comme certains qui passent leurs temps à gueuler sur les joueurs. Si je criais tout le temps, je ne serais pas moi-même. Mais un petit coup de gueule de temps en temps, quand c'est nécessaire, ça fait du bien à l'équipe », détaillait-il en 2015. En soi, ni plus ni moins que la réalité du haut niveau.

LA HAINE DE LA DÉFAITE

Quand on interroge Mathieu Valbuena, ancien maître à jouer de l'Olympique de Marseille, sur ce qui a le plus contribué à remobiliser les joueurs de l'équipe de France entre le barrage aller de qualification pour la Coupe du monde au Brésil (perdu 0-2 face à l'Ukraine), et le retour victorieux (3-0), « Petit Vélo » se souvient des mots prononcés par son entraîneur, à table, la veille du match : « Peut-être que ce sera votre dernier dîner ensemble, à vous de voir… Si on ne se qualifie pas, certaines personnes vont peut-être partir. » Des mots prononcés à table… mais aussi prononcés à quelques minutes de retrouver l'Ukraine, en quête d'une qualification pour la Coupe du monde au Brésil : « Je suis sorti de là (de la causerie de Deschamps, *nda*), j'étais un animal, j'avais envie de tout défoncer. » Un discours simple – sans forme d'hystérie –, mais permettant de replacer les joueurs en face de leurs responsabilités. Au micro de RMC, en 2023, Mathieu Valbuena revenait sur cet épisode : « Il ne fait pas culpabiliser, mais il te donne un peu les “frissons”. »

À la manière d'un Aimé Jacquet haranguant ses troupes à la mi-temps de la demi-finale du Mondial 1998 (France-Croatie) : « Vous avez peur ? Peur de qui, peur de quoi ? Peur ?! Ben vous allez perdre les gars, je vous le dis ! Vous allez perdre, vous n'avez pas de souci à vous faire. » Pour se permettre ce genre de « remontrances », mieux vaut être sûr de l'effet escompté. En 1999, avant la finale de la Ligue des champions entre Manchester United et le Bayern Munich, Sir Alex Ferguson avait prononcé ces quelques mots : « À la fin du match, la Coupe d'Europe sera à deux mètres de vous. Si on perd, vous n'aurez pas le droit d'y toucher et dites-vous bien que vous n'aurez probablement jamais l'occasion de la revoir d'aussi près. Alors, vous avez plutôt intérêt à vous défoncer. » La réalité du haut niveau, ce n'est pas le monde des Bisounours. Pour Deschamps, au quotidien, l'effet recherché est simple : une haine permanente de la défaite de la part de ses joueurs. Dans cette idée, dès son arrivée à l'AS Monaco, le Basque instaure la notion de compétitivité au sein même des entraînements. Au menu pour les perdants, des tours de terrain, ainsi que des pompes. Ancien joueur du club du Rocher, Ludovic Giuly se souvient : « Il nous disait : "Si vous acceptez de perdre à l'entraînement ; d'une, vous ne vous donnez pas à 100 % et de deux, cela veut dire que vous vous en foutez. De trois, cela veut dire que vous n'allez toujours pas haïr la défaite, mais l'accepter". »

Et ça, avec Deschamps, c'est impossible. « Je ne suis pas méchant, explique Deschamps, mais je ne suis pas là pour être gentil●. Dans le vestiaire un peu de crainte est salutaire. La plupart savent comment je fonctionne. Le cadre est identique pour tout le monde, ils sont tous importants. Après ils jouent ou ils ne jouent pas, mais ils ont tous un rôle collectif. Ils sont dans un collectif. » En d'autres termes, il s'agit de préparer ses joueurs aux événements à venir – sans leur mentir –, parce que Deschamps sait qu'affronter la réalité est la seule façon de trouver une solution. En 2004, avant de retrouver le Real Madrid en quart de finale de la Ligue des champions, le Basque prévient : « Si on vient ici et qu'on ne pense qu'à défendre, on va défendre, mais à un moment, ils vont faire la différence. » Mais surtout, au-delà de toutes considérations tactiques : « La dernière petite chose, attendez-vous dès le départ (du match), à avoir une pression énorme… Ce n'est pas pour vous faire

● De son côté, dans un registre bien plus « despotique » que Didier Deschamps, Steve Jobs expliquait : « Mon boulot n'est pas d'être gentil avec les gens. Mon boulot, c'est de les rendre meilleurs.

peur que je vous dis ça, mais parce que ça va être réel. » Mais alors, pourquoi autant de « pression » ? Pour mieux responsabiliser son groupe, il faut parfois expliquer puis, contextualiser : « De par les deux derniers résultats qu'ils ont eus, de par le fait que c'est la Ligue des champions et c'est l'objectif principal de ce club. Et parce qu'ils sont à domicile, parce que le stade sera plein, attendez-vous à avoir une pression énorme. » Pour autant : « Cela ne veut pas dire qu'on doit avoir peur ou quoi que ce soit. [...] Que ça soit Zizou, que ça soit Figo, que ça soit Raúl, que ça soit Ronaldo... peu importe. » Pour conclure, à l'image de Sir Alex Ferguson clamant son célèbre : « Amusez-vous comme des gamins ! » avant la sortie du vestiaire, Deschamps reprend : « Tranquille, les gars... Il n'y a pas mort d'homme, je vous le répète : tranquille [...] Allez les mecs, éclatez-vous ! » Résultat final ? Défaite 4 buts à 2 de l'AS Monaco, avant l'exploit, quelques pages plus tard.

À notre question initiale : est-ce qu'un ancien grand joueur, deviendra forcément un bon entraîneur ? La réponse est donc évidente : non. Mais cela permet d'obtenir des repères, une certaine forme de « connaissance » lors de son arrivée au sein de son nouvel environnement. Ensuite, comme le charisme seul ne permet pas de transformer un entraîneur moyen, en bon entraîneur, la crédibilité du technicien devra s'acquérir au quotidien, à travers les résultats obtenus, mais aussi le discours prodigué auprès de son groupe. En 2016, le quotidien *Le Temps*●● publiait une enquête sur le sujet, mettant en lumière le grand nombre d'anciens joueurs, devenus entraîneurs à la suite de leur première carrière. Sur les 124 entraîneurs européens étudiés, 109 (88 %) sont d'anciens footballeurs professionnels, et 15 (12 %) n'ont jamais atteint le niveau pro. Principalement, ce qu'il faut retenir de cette étude, c'est la présence en majeure partie d'anciens milieux terrain (48 au total, soit 44 %). « Il est

●● Voir : *Les grands joueurs font rarement de grands entraîneurs. La preuve en chiffres* (par Laurent Favre et Lionel Pittet).

logique de retrouver beaucoup de demis défensifs, des numéros 6 ou 8, car ce sont souvent les relais de l'entraîneur sur le terrain, explique Fabio Celestini, ancien numéro 6 et entraîneur du Lausanne-Sport en Suisse. Ils voient jouer tous les autres et doivent jouer pour eux, au contraire des attaquants, qui peuvent avoir l'impression que toute l'équipe joue pour eux. » En 2009, Guardiola résume : « Le milieu de terrain est un élément crucial de chaque équipe. Les milieux de terrain sont des joueurs intelligents qui doivent réfléchir à l'équipe comme un ensemble. Ce sont des joueurs désintéressés qui comprennent le jeu mieux que personne… » Quel était le poste de Didier Deschamps, si ce n'est au cœur du jeu. En soi, une position adéquate pour recueillir les informations, collecter, ressentir, diriger, orienter et mieux combler les espaces pour ses coéquipiers. Souvent pour Zidane à cette époque. Si l'ancien entraîneur du Real Madrid devient le prochain sélectionneur des Bleus, il faudra y voir comme un rappel à l'histoire.

Page 26 ▸ 1. Sur le plan d'une communication modérée, Deschamps rejoint Marcelo Bielsa, ancien sélectionneur de l'Argentine : « Un grand leader a besoin d'être écouté et le meilleur moyen d'y parvenir est de parler peu. »

Page 34 ▸ 2. En vérité, selon sa femme, Claude, Didier Deschamps n'aurait qu'un seul défaut : la cuisine, à l'exception d'une canette aux pruneaux. Personne n'est parfait…

Page 34 ▸ 3. Bien évidemment, cette donnée ne s'applique pas qu'à Didier Deschamps. En 2022, l'attaquant de la Belgique, Romelu Lukaku expliquait : « Pour moi, Thierry Henry est le prochain sélectionneur de la Belgique. Il n'y a aucun doute là-dessus. Je le dis ouvertement : il sera le prochain entraîneur. Il a le respect de tous les joueurs, il a tout gagné. » Pour autant, l'ancien attaquant d'Arsenal déclarait en 2014 : « Vous devez d'abord apprendre. Vous devez être capable de comprendre ce que signifie être entraîneur. Est-ce que vous pouvez enseigner, est-ce que vous pouvez être patient ? Ce n'est pas si facile. »

26
10

CHAPITRE 2

LE JEU SANS LE « JE »

FAIRE PASSER LE « MOI » EN ARRIÈRE-PLAN

est l'une des stratégies que Deschamps endosse,

AVEC LES RETOMBÉES QUE CELA ENTRAÎNE.

Grâce au contrôle qu'il exerce au quotidien sur son groupe, Deschamps peut ensuite exiger le maximum de la part de ses joueurs. « Il a peut-être ce défaut de vouloir tout contrôler, mais au final, tout le monde en profite », expliquait Édouard Cissé en 2018, dans le documentaire *Deschamps, le maître du jeu*, diffusé sur Canal+. Pour que tout le monde en profite, donc, l'actuel sélectionneur des Bleus s'appuie sur l'image positive qu'il entretient auprès de son groupe – des échanges réguliers, cette fameuse « crainte salutaire » –, mais aussi sur une absence d'idéologie au niveau du jeu. Après avoir séduit puis dilué progressivement son message grâce à l'apport de ses leaders, une tactique « simple » se met en place, basée sur la recherche d'efficacité, tout en délaissant le « je ». Son arrivée à l'AS Monaco en constitue l'un des exemples les plus parlants. Afin d'assurer la mainmise sur son groupe et donc faire diluer son message sans encombre, Deschamps va devoir se confronter à la présence des deux tauliers du vestiaire, Marco Simone et Christian Panucci. Deux stars au passé glorieux. Pour les (éventuels) fauteurs de troubles, leur départ sera acté lors du mercato. Pour Deschamps, une première saison compliquée s'annonce, avec une quatorzième place en championnat. « Sa première saison a été calamiteuse », se souvient Jean Petit, son adjoint durant cette période. « Des joueurs aux dirigeants, tout le monde était contre lui. » Pour l'ancien directeur sportif monégasque, Henri Biancheri, « Didier ne connaissait plus le football français et l'a peut-être sous-estimé. Mais, en type intelligent, il a vite rectifié le tir. » Délesté de ces éventuels esprits contestataires au sein de son vestiaire, « DD » obtiendra le soutien de son groupe en cultivant une harmonie propice à la performance. Le résultat : une victoire en Coupe de la Ligue (en 2003), ainsi qu'une deuxième place en championnat, à un point de l'Olympique lyonnais. La saison suivante, il mènera son équipe en finale de la Ligue des champions. Mais comment a-t-il fait ?

« Il abordait la tactique, mais, à l'image du joueur qu'il était, il insistait sur l'intensité, l'état d'esprit. »

Mathieu Valbuena

Mathieu Valbuena témoigne : « Il nous disait : "Ce qu'on retient, c'est la victoire." Il abordait la tactique, mais, à l'image du joueur qu'il était, il insistait sur l'intensité, l'état d'esprit. Le jeu offensif, c'est le talent ensuite. » C'est même une constante avec Didier Deschamps depuis le début de sa carrière : lorsqu'il faut s'adapter aux circonstances d'une grande compétition, le Basque fait rarement dans les sentiments. En 2023, son ancien joueur du côté de l'AS Monaco, Jérôme Rothen, expliquait : « L'analyse des médias, le fait de savoir si on propose du jeu spectaculaire, il s'en tape complètement. À l'arrivée, c'est lui qui a raison, on ne retient que le résultat. Son image et celle de son équipe vont être liées au résultat, point barre. » Et surtout, « DD » s'appuie sur une notion élémentaire : il ne faut jamais tomber amoureux de ses idées.

Ancien général américain, Norman Schwarzkopf expliquait : « Le leadership, c'est la conjugaison entre la stratégie et le caractère. Si vous devez sacrifier l'un des deux, que cela soit la stratégie. » Des mots qui collent parfaitement à la philosophie prônée par Didier Deschamps.

DIALOGUE AVEC SES JOUEURS

Afin de ne pas y céder, justement, Deschamps s'appuie sur un échange régulier avec ses joueurs, un procédé qui lui permet d'avoir toutes les cartes en main avant de prendre une décision technico-tactique. En 2022, le Basque expliquait à ce sujet : « À la limite, un entraîneur ou un sélectionneur peut dire [à un joueur] : "Voilà, tu fais ça parce que je te demande de faire ça." Moi, je ne fonctionne pas comme ça. Je discute. » C'est en effet par la discussion avec le joueur que Deschamps peut voir si ce dernier doute de ses propositions ou décisions, ce qui l'amène à réfléchir. Dans sa démarche, il est essentiel d'échanger avec les joueurs, car « c'est les faire participer, même s'ils ne vont pas forcément me dire : "Non, coach…, je ne le sens pas." » À travers ces réponses, il peut jauger s'il doit faire demi-tour et revenir sur une décision ou une idée avant qu'elle soit définitive.

Dans cette même perspective, Patrice Évra commente le management de Sir Alex Ferguson à Manchester United : « Ferguson était très strict, mais sa porte était toujours ouverte. Moi, Ferguson, il est venu me demander mon avis : "Patrice, qu'est-ce que tu penses si l'on reste en 4-4-2 en Ligue des champions, ou si l'on passe en 4-3-3 ? Parce qu'en Europe il faut blinder plus le milieu de terrain." » L'ancien latéral des Red Devils ajoute qu'il venait souvent demander des conseils et discuter quand il voulait un joueur.

L'EFFICACITÉ AVANT L'ESTHÉTIQUE

> *« J'ai à gérer des hommes, mais le plus important c'est le terrain. »*
> **Didier Deschamps**

En 2018, lors du Mondial en Russie, probablement séduit par l'idée de proposer un jeu plus « direct », l'actuel sélectionneur des Bleus avait opté initialement pour une composition d'équipe sans Olivier Giroud et Blaise Matuidi pour affronter l'Australie – en match d'ouverture –, remplacés par Corentin Tolisso et Ousmane Dembélé, dans un 4-3-3 plus offensif qu'habituellement. Sur la place de la tactique dans son métier, Deschamps explique : « OK, j'ai à gérer des hommes, mais le plus important c'est le terrain. Donc ce sont les choix de système, d'animation et les changements que je peux faire, les options que je peux prendre, c'est l'essence même de ma fonction. » Fidèle à ses origines d'homme pragmatique (élevé à l'école du football italien, aux côtés de Marcello Lippi), « DD » se reprendra finalement lors du match suivant afin d'aligner la composition qui filera vers la seconde étoile pour le football tricolore. À la suite de la victoire en finale face à la Croatie (4 buts à 2), le Basque déclarera : « On a vu quoi [durant cette Coupe du monde] ? Des équipes qui étaient dans la maîtrise du jeu, la possession du ballon, qui se faisaient punir sur attaques rapides. » Pour lui, parler d'une « belle » Coupe du monde ne va pas forcément de soi, mais toujours selon lui, on a pu voir des « petites » équipes présenter de meilleures statistiques sur le plan athlétique ou sur celui de l'intensité que des sélections présentées comme favorites. Avec Deschamps, le favori d'une grande compétition parvient à assumer son statut parce qu'il ne s'enferme pas dans une idéologie mortifère. Entraîneur de l'Atlético Madrid, Diego Simeone dirait que le football est divers et que personne n'en détient la vérité. De son côté, Carlo Ancelotti ajouterait : « Une grande équipe doit proposer un football adapté à la qualité de ses joueurs. Après, on peut discuter sur la définition de l'esthétique. » À la question du « beau football », il répondait que « ce n'est pas seulement un jeu d'attaque. Pour une équipe, c'est la qualité de son collectif, la façon d'exprimer son jeu. »

À la sortie du Mondial 2014, dans les colonnes du magazine *Onze Mondial*, Deschamps répondait à la question de la réalité du haut niveau : « Le mental et le caractère. C'est ça, la réalité du football. La force individuelle et collective passe par l'aspect mental. C'est quoi le beau jeu, d'ailleurs ? J'ai toujours considéré que, bien jouer pour ne pas gagner à la fin, ça ne sert à rien. Le plaisir n'est pas total. Alors oui, j'ai gagné des matchs en jouant mal, plusieurs fois même. Mais il y avait le plaisir de gagner. »

> ***« La force individuelle et collective passe par l'aspect mental. »***
> **Didier Deschamps**

À l'inverse, son homologue et ancien entraîneur de l'OM également, Marcelo Bielsa, réputé pour son jeu attractif, expliquait : « Dans n'importe quelle tâche, tu peux gagner ou perdre, mais l'important est la noblesse des moyens employés. » Traduction : d'après l'Argentin, avant de penser à gagner, il faut chercher à récompenser ses supporters par une tactique offensive, car le football reste un spectacle, et donc un divertissement, avant d'être une compétition. En soi, une pensée totalement différente de celle prônée par Didier Deschamps. Bielsa ajoute : « L'important, c'est le chemin emprunté, la dignité avec laquelle tu suis le chemin à la recherche de l'objectif fixé. Le reste, c'est vendre une réalité qui n'en est pas une : un entraîneur n'est pas meilleur pour ses résultats ou pour son style, son modèle ou son identité. Ce qui a de la valeur, c'est la profondeur du projet, les arguments qui le soutiennent, le développement de l'idée. » C'est ici que prend place l'éternel débat entre pragmatisme et « romantisme ». En 2014, Oscar Scalona, ami d'enfance de Marcelo Bielsa, détaillait : « Je souffrais, je priais pour que Marcelo renonce à ses

« J'ai toujours considéré que, bien jouer pour ne pas gagner à la fin, ça ne sert à rien. »
Didier Deschamps

principes l'espace d'une soirée, que ses joueurs balancent de longs ballons pour faire sauter la pression adverse. Mais non, ses équipes étaient à son image : géniales, merveilleuses, authentiques, mais incapables de changer. La rigidité et l'exigence de Marcelo finissent par le trahir et poussent ses équipes au suicide. » Reste à savoir si « mourir avec ses idées » est un concept valable pour l'entraîneur, qu'il soit à la tête d'un club ou d'une sélection. Pour celui qu'on considère comme le maître du jeu, Johan Cruyff, la réponse était simple : « Il vaut mieux perdre avec ses idées qu'avec celles d'un autre. »

DES PERSONNALITÉS ET DE L'ANALYSE

Aux antipodes de cette philosophie, avec Deschamps donc, il n'y a pas de place pour la recherche d'« esthétisme », ou bien pour les dissertations sur la notion de « beau jeu », toujours très subjective et variable en fonction des perceptions culturelles de chacun. Au mois d'avril 2020, pour le quotidien *L'Équipe*, le Basque expliquait : « Le milieu ne peut pas être une zone de vérité, mais une zone d'influence. Il ne permet pas d'être bon dans les deux surfaces. Le milieu doit vous amener du liant, un bon soutien offensif, tout en offrant une protection défensive. Mais ce n'est pas ça qui vous fera gagner un match. » Ici encore, une philosophie bien éloignée de celle du football espagnol, par exemple, ou de la tactique allemande depuis le passage de Guardiola au Bayern Munich (entre 2013 et 2016). En 2014, l'ancien joueur du FC Barcelone – et aujourd'hui à la tête du club catalan – Xavi décryptait : « Vicente [del Bosque] pense comme moi parce qu'il a été milieu de terrain. D'ailleurs, il me dit toujours que le football devrait se jouer avec onze milieux de terrain. Curieusement, c'est une réflexion que j'avais déjà entendue dans la bouche de Guardiola. » De celle de « DD », on entend surtout qu'il « faut avoir du caractère » et « mettre de l'engage-

> ***« Le milieu ne peut pas être une zone de vérité, mais une zone d'influence. »***
> **Didier Deschamps**

« Dans les moments décisifs de la Champions, il faut des joueurs avec de la personnalité. Si tu n'as pas de caractère, tu ne peux pas jouer au plus haut niveau, c'est impossible. »

Xavi

ment dans les duels », parce qu'il s'agit « de la réalité du haut niveau ». Malgré son goût pour un football dit offensif, Xavi ne demeure pas moins conscient de l'importance du mental dans la quête de la performance. En 2018, pour le magazine So Foot, l'ancien milieu de la sélection espagnole rappelait la pertinence des propos de Guardiola et la nécessité de leadership dans le chemin vers la victoire : « Dans les moments décisifs de la Champions, il faut des joueurs avec de la personnalité. Si tu n'as pas de caractère, tu ne peux pas jouer au plus haut niveau, c'est impossible. Dans les moments de doute, quand il y a 1-1, donne-moi un Dani Alves, donne-moi un Neymar. Les joueurs qui ont des doutes, des appréhensions, j'en veux pas. Quand le match devient dur, il faut sept ou huit joueurs avec du répondant. Au Barça, on avait ça. » Pour l'emporter, il faut des joueurs de la trempe de Piqué, Iniesta, Messi, ou encore Busquets et Pedro en passant par Jordi Alba. Pour lui, l'équipe qui gagnera la Ligue des champions sera celle qui aura aligné le plus de footballeurs qui demandent le ballon dans les moments compliqués.

Chez Deschamps, tout contrôler, tout savoir, cela passe aussi par une connaissance totale de ses adversaires. Ce mode de fonctionnement et ce sens de la stratégie, il les a notamment développés durant son passage en Italie, fleuron de la tactique mondiale durant de nombreuses années. Son ancien président, Noël Le Graët, expliquait d'ailleurs : « Deschamps dissèque tout, il sait tout sur tout. Sa connaissance de ses adversaires est incroyable●. » Qu'il s'agisse

● D'un autre stratège, Garry Kasparov, ancien champion du monde d'échecs de 1985 à 2000 et référence absolue en matière de stratégie : « J'ai eu la chance d'avoir été virtuellement contraint par Anatoli Karpov à devenir un joueur plus positionnel, plus stratégique. Pour moi, c'était nager ou couler : soit j'élargissais mon style et ma compréhension, soit je n'étais pas en mesure de le battre. [...] Je n'aurais jamais pu rester au sommet aussi longtemps sans l'enseignement dispensé par Karpov sur mon jeu et mes faiblesses. Et pas seulement mes faiblesses, mais aussi l'importance de les appréhender. »

de Kasparov ou bien de Deschamps, un bon stratège laisse peu de place au hasard ●●.

C'est peut-être ce qui a péché lors de la Coupe du monde 2022, malgré le résultat inespéré au regard de la cascade de blessés. Car si Deschamps semble avoir assimilé cette notion élémentaire, une question subsiste au sujet du sélectionneur tricolore... Pourquoi délaisser le travail autour d'une séance de tirs au but ? Si le diable se cache dans les « détails », la fameuse quête des gains marginaux demeure un élément à prendre en compte pour n'importe quel entraîneur. Au micro de RMC, à la suite de la défaite en finale de la Coupe du monde 2022 (face à l'Argentine), Daniel Riolo se questionnait : « Il y a un degré de préparation mentale pour ça. Il y a surtout un travail en amont. Le gardien argentin part toujours du bon côté, il a travaillé. Vous avez en face une équipe qui ne prépare pas l'exercice. Deschamps a même dit que ça ne servait à rien de le faire. C'est une grosse erreur ! En France, on ne les prépare pas. Pourquoi il y a autant d'échecs dans les séances de tirs au but avec les Français ? »

●● Dans *L'Art de la guerre*, toujours, Sun Tzu explique : « Les habiles guerriers ne trouvent pas plus de difficultés dans les combats, ils font en sorte de remporter la bataille après avoir créé les conditions appropriées. Ils ont tout prévu, ils sont parés à toutes les éventualités. Ils savent la situation des ennemis, ils connaissent leurs forces et n'ignorent point ce qu'ils peuvent faire et jusqu'où ils peuvent aller. La victoire est une suite naturelle de leur savoir. » Pour illustrer ces propos, des mots de Louis Pasteur : « La chance ne sourit qu'aux esprits bien préparés. » Dale Carnegie, écrivain américain, les complète : « Quand le destin vous envoie des citrons, faites-en de la citronnade. »

« Deschamps dissèque tout, il sait tout sur tout. Sa connaissance de ses adversaires est incroyable. »

Noël Le Graët

MATUIDI
17
22

CHAPITRE 3

LE CHOIX DES HOMMES

Pour Deschamps, il est plus important de

FAIRE CONFIANCE AUX HOMMES,

peu importent leurs situations personnelles, ou bien leurs âges,

AFIN DE CONSTITUER L'EFFECTIF ET L'ESPRIT D'ÉQUIPE GAGNANTS.

À son contact, on entend souvent dire qu'il faut « avoir des convictions, mais pas de certitudes ». Et au fil de sa carrière, Deschamps a souvent prouvé qu'il suivait parfaitement cette ligne de conduite. Au mois d'août 2013, malgré des relations houleuses avec André-Pierre Gignac lors de sa période marseillaise (entre 2009 et 2012), « DD » va rappeler l'attaquant tricolore au sein du groupe France. Par la suite, l'ancien Toulousain continuera de prendre part aux matchs des Bleus, jusqu'à sa participation à l'Euro 2016 (en tant que remplaçant d'Olivier Giroud). Une preuve du pragmatisme « à la Deschamps ». De la même façon, à partir de l'arrivée du Basque en tant que sélectionneur, Mathieu Valbuena va progressivement s'installer comme le maître à jouer de l'équipe de France. Pour justifier son choix, Deschamps expliquera par la suite : « Tout le monde pensait que je ne le prendrais pas, mais je ne fonctionne pas comme ça. »

Durant l'année 2013, Valbuena deviendra l'unique joueur à prendre part à toutes les rencontres disputées par les Bleus (douze, au total). Le 15 novembre de cette même année, alors que la France joue sa qualification pour le Mondial face à l'Ukraine (en match aller des barrages), Deschamps préfère finalement Samir Nasri à Mathieu Valbuena… Score final : 0-2. Au match retour, « Petit Vélo » retrouve sa place sur le terrain et les Bleus se qualifient pour la Coupe du monde au Brésil. Au sujet de cette double confrontation victorieuse face à l'Ukraine, Deschamps expliquait en 2022 : « Je me le rappelle encore comme si c'était hier, même si les années passent. J'ai pris énormément de plaisir – l'essence même de ma fonction de sélectionneur – entre ce match aller et ce match retour. Que ça soit sur le management ou sur les choix en discutant avec les joueurs. » Une nouvelle fois, des échanges avec son groupe mis en avant, au-delà du résultat final. Malheureusement, pour cette édition 2014, le voyage tricolore s'arrêtera en quart de finale. Non retenu pour l'Euro 2016, malgré cette fidélité de la part de son sélectionneur depuis son arrivée, Valbuena verra ainsi son histoire avec l'équipe de France prendre fin. « Mathieu a eu une saison très difficile avec l'Olympique lyonnais, il a enchaîné beaucoup de blessures et son niveau de performance a été en dessous de ce qu'il est capable de faire », avait expliqué Deschamps pour justifier son choix. Surtout, l'heure est à l'intronisation d'Antoine Griezmann dans l'axe.

SOUTENIR ET PROTÉGER

« Il t'implique et puis il te fait confiance. »
Édouard Cissé

C'est ici qu'émerge un nouveau précepte du management selon Deschamps●. Édouard Cissé raconte : « Il t'implique et puis il te fait confiance. Donc, tu n'as plus qu'à diluer tranquillement son message, à faire comprendre au groupe que le plus important, c'est la gagne. » Cette fameuse gagne – si propre à Deschamps, encore et toujours. Au-delà de cette philosophie presque ancrée à coups de marteau auprès de son groupe, Deschamps n'en demeure pas moins conscient qu'il faut aussi protéger son staff, en plus de collecter un maximum d'informations au quotidien. À propos de sa période marseillaise, Nicolas Dehon détaille : « Il était proche des joueurs et déléguait aussi. Il voulait tout savoir, être au courant de tout ce qui se passait, il faisait des entretiens individuels. Chaque jour, il était présent, au déjeuner, au repas, il aimait passer des petits messages dès

● Comme le préconisait Adlai Stevenson, gouverneur de l'Illinois (1949-1953) : « Il n'y a que trois règles pour avoir une administration solide : choisissez les bonnes personnes, dites-leur de ne rien laisser au hasard et soutenez-les jusqu'au bout. La plus importante de ces trois règles étant la première. »

« Chaque jour, il était présent. »
Nicolas Dehon

qu'il croisait un joueur. En chambrant, mais tous ses messages avaient du sens à court ou long terme. » Surtout, que ce soit en club ou à la tête de la sélection, Deschamps s'attelle à incarner un modèle d'exemplarité. Il ne lâche personne, il est très protecteur avec le staff, il est la locomotive. Il choie ses joueurs et avance « bille en tête, malgré les difficultés ». Ainsi, quand « DD » choisit un joueur pour devenir l'un de ses relais sur le terrain (et donc un « leader »), sa confiance est totale envers ce dernier. Pour Karim Benzema, il s'agira d'un soutien indéfectible – entre juin 2012 et octobre 2013, période durant laquelle l'attaquant du Real Madrid n'avait pas inscrit le moindre but avec les Bleus (soit 1 222 minutes au total). S'il demeure capable de trancher dans le vif (à l'image de n'importe quel grand dirigeant), comme avec Benjamin Pavard durant cette Coupe du monde au Qatar – remplacé après le premier match face à l'Australie par Jules Koundé sur le côté droit –, Deschamps sait aussi établir une hiérarchie en fonction du statut de ses joueurs. Chaque fois que Jacquet a pris une décision en tant que sélectionneur, Deschamps était consulté, sondé. Faire confiance à ses leaders, il s'agit d'un pacte de confiance sur la durée. Ainsi, quand Griezmann se retrouve en délicatesse à Barcelone, puis pris dans une lutte financière entre l'Atlético et le Barça, Deschamps continue à titulariser son petit protégé. Raphaël Varane, en délicatesse avec Manchester United ? Titulaire… Hugo Lloris, en délicatesse avec Tottenham ? Titulaire, brassard sur le bras. Avec Deschamps, dans une atmosphère positive, les joueurs revivent sous le maillot tricolore.

La situation de Benjamin Pavard à la suite de la Coupe du monde au Qatar illustre bien cette confiance que Deschamps place en ses joueurs. Ainsi, il accordera à nouveau sa confiance au latéral munichois face à l'Irlande – match comptant pour les qualifications de l'Euro 2023. L'ancien Lillois démarrera la rencontre en tant que titulaire, avant de s'offrir l'unique but de la rencontre (victoire 1-0 de l'équipe de France). Au micro de TF1, Deschamps raconte : « Je lui ai dit que j'étais content pour lui. Il a eu des périodes moins heureuses, mais il est là. » Mieux encore, il permet à l'équipe de gagner ce match. Plus tard, en conférence de presse, le message délivré par le sélectionneur tricolore reste inchangé : « N'importe quel joueur peut avoir une période difficile. Ce n'est pas pour cela que je vais leur enlever ma confiance. Il a l'expérience, et tant mieux, je suis très content pour lui. C'est ce que je lui ai dit. Il a eu des périodes difficiles, mais, malgré sa déception personnelle, il a toujours gardé le bon état d'esprit vis-à-vis du groupe. [...] Même si je ne l'ai pas fait jouer pour qu'il marque ce but, c'est très bien. À travers sa belle interception et sa frappe qui est d'excellente qualité... » Pour Deschamps, personne n'est écarté. Les moments difficiles font partie de la vie d'un joueur. Il faut savoir y réagir. « Aujourd'hui, Benjamin en a profité. [...] C'est très bien pour lui, et surtout pour le groupe. »

> *« N'importe quel joueur peut avoir une période difficile. Ce n'est pas pour cela que je vais leur enlever ma confiance. »*
> **Didier Deschamps**

AU CENTRE DE TOUT : L'ÉQUIPE ET SON ESPRIT

Parallèlement, durant la période monégasque de Deschamps, Patrice Évra témoignait : « Cette équipe, pour moi, ce n'est pas une équipe, mais une famille. » Quand il évoque son AS Monaco, ce qui rend le plus fier Deschamps, ce n'est pas le jeu produit – ni les résultats –, mais l'état d'esprit du groupe : « Ils étaient compétiteurs au début, mais ils le sont encore plus devenus, et ça, ça me plaît. » Finalement, ce n'est pas un hasard d'entendre les joueurs évoquer le plaisir de jouer ensemble, ou encore de se retrouver à Clairefontaine, sous le maillot de l'équipe de France. Au mois d'avril 2023, rappelé en équipe de France par Didier Deschamps pour apporter son leadership et ainsi permettre à son sélectionneur d'obtenir un relais supplémentaire au sein du vestiaire, Patrice Évra détaille : « J'ai commencé à comprendre que l'équipe de France était au-dessus de tout quand Didier Deschamps est revenu en équipe de France. Avec lui, on a retrouvé ces valeurs : remettre le bleu de chauffe et que personne n'est au-dessus de l'équipe de France. Comme le dit Didier : la star, c'est l'équipe. »

« J'ai commencé à comprendre que l'équipe de France était au-dessus de tout quand Didier Deschamps est revenu en équipe de France. »

Patrice Évra

Au-delà de cette capacité à accorder sa confiance en toutes circonstances, Deschamps balaie de main de maître l'émergence d'éventuelles polémiques autour de son groupe. En 2018, sur le plateau de LCI, Éric Zemmour avait déclaré : « En 2010, en équipe de France, ils mangeaient tous halal. Ils avaient imposé le halal. Et c'est Laurent Blanc qui l'a interdit, puis Didier Deschamps. » En vérité, si Raymond Domenech avait bien instauré des repas halal pour les joueurs, seuls ceux qui le désiraient avaient accès à ces menus préparés à leur intention. Selon *Libération*, c'est Mohamed Sanhadji, chef de la sécurité de l'équipe de France depuis 2004, qui avait fait remonter cette requête auprès du sélectionneur de l'époque. De son côté, alors que Laurent Blanc pouvait se montrer relativement évasif sur le sujet, Deschamps n'a jamais caché vouloir avant tout le bien-être de ses joueurs en proposant un buffet halal à Clairefontaine ou lors des grandes compétitions : « Notre volonté, c'est que les joueurs se sentent à l'aise », explique-t-il lorsque des journalistes lui posent des questions à ce sujet. Bien dans son corps et dans sa tête…, et donc performant sur le terrain ensuite.

> ***« Notre volonté, c'est que les joueurs se sentent à l'aise. »***
> **Didier Deschamps**

En prenant les rênes de l'équipe de France, le Basque avait deux missions. La première : redorer l'image d'une équipe en quête de réunification avec son public après Knysna et une période compliquée sous la coupe de Laurent Blanc (une élimination prématurée intervenue lors de l'Euro 2012, sans féerie particulière et sans communion avec le peuple français). Avec « DD », « les joueurs n'auront plus le droit à l'erreur ». Autre atout, selon Jean Petit, Deschamps « voit les conflits avant qu'ils ne surviennent et les règle », et il « sait être proche [de ses joueurs] tout en réussissant à maintenir un respect de sa personne et de ses fonctions ». L'homme est direct, intransigeant, et cela va se vérifier dans les faits. En 2014, à la sortie de la Coupe du monde au Brésil, il expliquait au sujet d'une possible impression de manque d'attachement des joueurs au maillot de l'équipe de France : « Aujourd'hui, ça a changé, l'attachement au maillot est différent. Notamment grâce à ce qui s'est passé face à l'Ukraine et à notre parcours à la Coupe du monde. Après, à la décharge des joueurs, il faut se rendre compte que le passé de l'équipe de France n'était pas radieux. Depuis, il y a eu du positif autour du groupe. Ça rassure les joueurs, ça les encourage et ça leur donne envie de continuer sur cette lancée. Et puis, vous savez, souvent, les joueurs sont plus attachés au maillot qu'on ne le croit. »

Ensuite, sa seconde mission : alors qu'on lui reprochait de ne pas assez s'appuyer sur la « jeunesse » – durant sa période en tant qu'entraîneur de l'OM –, Deschamps mise aujourd'hui sans rechigner sur la nouvelle génération. En 2014, il s'exprimait sur le sujet en expliquant qu'à son sens les joueurs, même jeunes, avaient déjà des responsabilités. « La génération des 20-23 ans évolue pour la plupart dans de grands clubs et baigne dans un quotidien d'exigences. Cette génération côtoie le haut niveau très tôt, tout en assumant ses responsabilités. Il y a la partie footballistique, mais le côté humain aussi, faire face aux exigences du haut niveau sur le terrain et en dehors. C'est la chose qui m'agaçait le plus quand on me disait : "Patiente, tu as le temps, t'es jeune." Non, il faut tout prendre tout de suite, le plus vite possible. » Ainsi, « DD » accorde davantage sa confiance aux jeunes joueurs que par le passé. « Moi, je ne regarde pas la carte d'identité● du joueur. Si j'estime qu'un mec de 20 ans peut apporter plus qu'un de 30, eh bien, je le fais jouer. » Dans les faits, quand il faut suivre un chemin pour gagner, Deschamps fait rarement dans les mathématiques●●. Une méthode parfaitement assimilée, avec des choix portés sur Aurélien Tchouaméni (quatorze sélections avant le début du Mondial), Randal Kolo Muani (appelé au dernier moment pour pallier le forfait sur blessure de

« Moi, je ne regarde pas la carte d'identité du joueur. Si j'estime qu'un mec de 20 ans peut apporter plus qu'un de 30, eh bien, je le fais jouer. »
Didier Deschamps

●
En 2018, David Marmo, spécialiste du management et coauteur du livre *Football Management* (Eyrolles), commentait : « De toute façon, c'est très français de se poser la question de l'âge. Récemment, des managers avec une certaine expérience ont critiqué le fait que, désormais, de jeunes salariés puissent rapidement être promus managers, alors qu'eux avaient attendu des années pour le devenir. Mais à l'étranger, en Amérique du Nord par exemple, cela pose beaucoup moins de problèmes. Didier Deschamps a une culture internationale, notamment grâce à ses expériences en Italie, en Angleterre ou encore en Espagne, ce qui explique sûrement sa capacité à donner des responsabilités aux jeunes joueurs. La question que tout manager doit se poser est : est-ce que mon salarié est capable de le faire ? Est-ce qu'il en est capable ? Si oui, l'âge n'a pas d'importance. »

●●
Romancier britannique, Aldous Huxley dirait que « l'expérience, ce n'est pas ce qui arrive à quelqu'un, c'est ce que quelqu'un fait avec ce qui lui arrive ».

Christopher Nkunku et qui remportera treize duels lors de la finale face à l'Argentine, soit le plus haut total sur une finale depuis Gennaro Gattuso en 2006), ou encore Adrien Rabiot (vingt-neuf sélections avant le début de la compétition, et pour la première fois intronisé comme patron du milieu tricolore à la suite des forfaits de Pogba et de Kanté). Ici encore, Deschamps avait fait preuve de pragmatisme en accordant à nouveau sa confiance à l'ancien Parisien malgré sa communication maladroite précédemment. « Je n'ai jamais attendu d'excuses d'Adrien Rabiot », avait-il expliqué en marge de la Ligue des Nations.

Outre cette confiance accordée à la nouvelle génération, un autre des points clés de la méthode Deschamps : l'anticipation des événements, comme le fait n'importe quel grand dirigeant. En 2021, lors de l'Euro, le staff des Bleus avait considéré le choix du camp de base comme une erreur. Ainsi, pour la Coupe du monde 2022, le Basque a pris soin de superviser ce choix durant plusieurs mois, se déplaçant lui-même pour juger de la qualité des installations à disposition. Après vingt jours de vie commune, Guy Stéphan déclarera : « L'endroit est aéré et permet de bien vivre. » Pour ce qui est de la salle des repas, Deschamps se plaçait de manière à avoir une vue d'ensemble sur son groupe.

SAVOIR S'ADAPTER, NE RIEN LAISSER AU HASARD

Avec le temps, de son propre aveu, Deschamps est devenu « moins radical » et « plus flexible ». Le jour de l'annonce de sa liste pour la Coupe du monde 2022 (en direct sur TF1), le Basque avait d'ailleurs expliqué : « S'adapter, ce n'est pas se contredire, c'est prendre en compte une réalité qui peut évoluer●. » Surtout, qu'il soit entraîneur ou sélectionneur, pour le capitaine du navire, il faut savoir appréhender son nouvel environnement le plus rapidement possible afin de créer une alchimie entre les membres de son

● Ancien romancier irlandais, Oscar Wilde ajouterait : « Les gens bien élevés contredisent les autres. Les gens sages se contredisent eux-mêmes. »

« S'adapter, ce n'est pas se contredire, c'est prendre en compte une réalité qui peut évoluer. »
Didier Deschamps

équipe, et parfois apaiser des tensions, ou tout simplement entretenir le bon fonctionnement d'un club[1].

Toujours à propos de l'adaptation à son nouvel environnement et parfois à ses réalités culturelles, Deschamps confiait en 2011 : « En France, j'ai appris qu'il fallait presque toujours expliquer pourquoi untel joue et l'autre pas. En Italie, je me suis un jour retrouvé devant un joueur, un international de la Juventus, et je lui expliquais pourquoi il ne jouerait pas le prochain match. Le joueur m'a dit : "Mais monsieur, vous n'avez rien à me dire. Je suis là, je joue ou pas, je n'ai rien à dire. C'est vous qui décidez." » En France, une telle situation serait impossible. « Moi, je veux bien l'expliquer, je pense d'ailleurs que depuis que je suis entraîneur, j'ai plus parlé que tous les entraîneurs réunis que j'ai eus dans ma carrière de joueur. Mais parfois c'est épuisant, ce sont des professionnels, non ? » L'actuel sélectionneur des Bleus déplore que la liberté accordée soit parfois trop grande et que les limites soient mal définies. « J'ai vu des joueurs en Italie, attention, des mecs de la grande époque, qui avaient franchi la ligne blanche. Mais l'entraîneur n'avait pas à intervenir. Il prenait la moitié de son salaire dans la tête et venait s'excuser devant le groupe le lendemain. Il se remettait au boulot. » En France, il explique qu'une discussion avec le capitaine est nécessaire, en particulier sur la part qu'il faut enlever. Mais depuis son retour, il raconte ne pas comprendre certaines situations. « On défend parfois l'indéfendable ! Le problème se situe simplement au niveau de l'autorité. Le joueur doit comprendre que c'est son boulot et qu'il est professionnel. Et le club doit faire sentir son autorité. Le joueur doit quelque part craindre l'institution. » Cette fameuse « crainte salutaire », si chère à Didier Deschamps. Et nécessaire à l'établissement d'un environnement propice à la réussite sportive.

« Et le club doit faire sentir son autorité. Le joueur doit quelque part craindre l'institution. »
Didier Deschamps

En 2015, l'ancien traducteur de Marcelo Bielsa, Fabrice Olszewski, expliquait : « Quand il [Bielsa] est arrivé – après, je ne sais pas comment cela se passe en France –, tous les joueurs m'ont demandé : "Quand est-ce qu'on commence les entretiens individuels ?" Là, j'ai dit : "On n'est pas dans la merde..." Lui, il ne fonctionne pas comme ça du tout... Pour lui, il n'allait pas justifier sa décision vis-à-vis d'un joueur.

Et j'ai l'impression qu'en France les joueurs ont besoin de ça. » Par la suite, Dimitri Payet expliquera pour *L'Équipe* : « Il ne faut pas en vouloir aux joueurs français. On a été formés comme ça, dans une sorte de confort (et de croyances parfois assez "étranges" quant à l'investissement nécessaire pour atteindre le très haut niveau). En France, on considère qu'on ne peut pas faire trois matchs en sept jours. On s'est mis dans la tête – on nous a mis dans la tête – qu'il faut se reposer. »

En club, Deschamps considère que 60 % du boulot de l'entraîneur doit être réalisé lors de l'avant-saison. « Tu as un effectif et tu ne peux pas changer tout le monde. Il faut donc que tu t'informes vite et que tu saches comment et de quoi est fait le groupe. Qui sont les joueurs que tu récupères, quels sont ceux dont tu as besoin. » En sélection, donc, avec une liberté de choix différente, Deschamps peut constituer son groupe comme bon lui semble. Malgré cela, lorsqu'il évoluait en club, l'ancien entraîneur de l'AS Monaco pouvait se montrer très direct lors de ses entretiens individuels (en vue d'un éventuel recrutement). D'après la légende, le Basque avait une question presque récurrente pour chaque joueur : « T'es marié, t'as des enfants... ? » Aux yeux de l'ancien Marseillais, le cocon familial et l'entourage constituent des éléments déterminants pour la construction d'une carrière stable[2]. Sans être intrusif pour autant, Deschamps cherche donc à obtenir le maximum d'informations●. L'amour du maillot reste le premier facteur pour intégrer un joueur à son nouvel environnement. Ensuite, ce sont les para-

● L'ancien patron d'Apple, Steve Jobs, décrivait de façon similaire le processus de recrutement établi par ses soins : « Lorsque j'embauche quelqu'un pour un poste vraiment important, la compétence est le premier critère. Il faut qu'il soit vraiment bon. Mais, pour moi, la vraie question, c'est de savoir s'il va tomber amoureux d'Apple. Parce que s'il tombe amoureux d'Apple, le reste se met en place tout seul. »

« C'est quoi, le talent ? C'est un mot que je ne supporte pas. »
Didier Deschamps

mètres extérieurs au jeu qui définiront son attachement à un joueur : « C'est quoi le talent ? C'est un mot que je ne supporte pas. Un gamin de 12-13 ans a du talent ? Ça veut dire quoi ? Arrêtez avec ça. Il a des qualités, du potentiel, mais rien de plus. J'en ai vu, des phénomènes de 15 ans qui deux ans plus tard disparaissaient. [...] Ce qui m'intéresse, c'est de connaître l'homme, pas seulement le caractère, mais la famille, l'adolescence, l'enfance. Le talent ? Non... » Mieux encore, selon Deschamps : « Un type peut être très fort, s'il n'est pas bien dans sa tête, il est mort. » Par conséquent, l'étude du fameux « profil psychologique » représente une donnée capitale pour « DD ».

« Un type peut être très fort, s'il n'est pas bien dans sa tête, il est mort. »
Didier Deschamps

LA PLACE DES LEADERS

Au fil du temps, grâce à cette affection mutuelle et à cette connaissance de l'entraîné par son entraîneur, certains joueurs acquièrent l'expérience nécessaire pour devenir de vrais leaders sur le terrain. Or, pour en trouver, Deschamps rappelait en 2014 qu'il ne suffit pas de claquer des doigts. Il faut du temps. « Il y en a qui le sont déjà, d'autres qui vont le devenir, certains sont déjà en train de le devenir. C'est un processus. On ne peut pas débouler du jour au lendemain et dire : "Je suis un leader." C'est quelque chose qu'on a dans le sang et qu'on développe au contact des autres. Il faut que son autorité naturelle soit reconnue par le groupe, et pour ça, il ne faut pas avoir de soucis avec sa propre personne ou dans son jeu. Il faut savoir passer du temps avec les autres. C'est fondamental.

« Des leaders, il ne suffit pas de claquer des doigts pour en trouver. Ça se fait avec le temps. »
Didier Deschamps

En club, je fonctionnais avec trois leaders. Pourquoi ? Parce qu'à quatre ils ne peuvent pas se mettre d'accord. En sélection, c'est un peu différent. » Il indique s'appuyer notamment sur un noyau de joueurs représentatifs du groupe. Bien évidemment, un leader n'est pas toujours un joueur au-dessus de la moyenne techniquement, mais parfois tout simplement un être irréprochable dans son comportement et son éthique, ou communicatif auprès des autres membres du groupe. Deschamps, toujours : « S'il y a un leader qui possède toutes les qualités, tant mieux, mais c'est difficile à trouver par les temps qui courent. Donc, je m'efforce de déterminer un leader mental/physique, un leader technique et un leader que je qualifierais, sans que ce soit péjoratif, d'ambiance. »

Notamment champion d'Europe avec Liverpool (en 2001) et double champion de France avec l'Olympique lyonnais (2006, 2007), Gérard Houllier détaille : « Il faut savoir que vous avez différents types de leaders. Celui qui veut être le plus beau et le meilleur, style Ibrahimović, celui qui est prêt à tout casser parce que son seul intérêt est de battre l'autre. Et puis il y a le leader qui est plus tourmenté, parce qu'il est perfectionniste. Cantona était un peu comme ça. Juninho, lui, avait toujours peur de ne pas faire aussi bien que ce qu'on attendait de lui, ce que j'ai compris très tôt et ce qui a facilité la gestion psychologique. » Comment, et par quels procédés ? Avec des choses simples● et des mots qui ont du sens. Que ce soit avec Deschamps, Zidane ou encore Guardiola, le coaching, ce n'est pas de la sorcellerie. Pour Gérard Houllier, l'essentiel est de le protéger en plaçant moins d'attentes sur lui. « Vous le rassurez en lui rappelant ses références des matchs précédents, en évitant de donner dans le verbiage. Et puis vous n'hésitez pas à lui confier de nouvelles responsabilités : “Cette fois, je n'attends pas de toi que tu mettes la dernière passe ou que tu mettes des buts. Je voudrais que tu conduises l'équipe, que tu parles...” Là, vous le grandissez et il s'en sent gratifié. » Selon Houllier, c'est ainsi la meilleure manière de libérer le joueur dans le jeu afin qu'il retrouve le bonheur dans l'action balle au pied.

● En 2006, dans les colonnes du magazine *Wired*, Steve Jobs expliquait avec lucidité : « Les choses n'ont pas besoin de changer le monde pour être importantes. » Souvenez-vous des mots de Tony Nadal précédemment : « Il n'y a que deux secrets : le travail et la simplicité. »

Pour Griezmann, donc, en 2016 (année de l'Euro en France), à la sortie d'une saison éprouvante avec l'Atlético Madrid – avec comme point d'orgue la défaite en finale de la Ligue des champions face au Real Madrid –, il s'agira de retrouver un nouvel élan durant la compétition aux côtés du groupe France. Ainsi, malgré son manque de fraîcheur annoncé, replacé dans une position plus basse sur le terrain qu'avec son club (parfois en n° 8, ou même en n° 6), le natif de Mâcon parviendra à s'imposer comme le joueur clé de son équipe. En 2019, Deschamps avait d'ailleurs rappelé : « S'il est sous-coté ? Oui, certainement. Ça a toujours été le cas des joueurs français qui sont à l'étranger. Sous-coté, si ce n'est par rapport aux récompenses qu'il n'a pas eu le bonheur de recevoir [le Ballon d'or, *nda*]… Il l'aurait mérité, certainement. Il fait partie des tout meilleurs attaquants mondiaux et c'est quelqu'un de très apprécié par les supporters. Mais l'exposition médiatique en France pourrait le mettre davantage en valeur, oui. » En 2022, lors du Mondial au Qatar, il n'était donc pas surprenant de voir Griezmann clamer haut et fort : « Je lui dois énormément [à Deschamps, *nda*]. Je donne tout pour le maillot, pour la France, mais aussi pour lui. Chaque match, chaque action, c'est comme un merci que je lui adresse. » Dans les faits, il s'agit de la plus belle reconnaissance que puisse recevoir un entraîneur●●. Ainsi, la « suite » serait le retour de la confiance accordée par l'entraîneur à son entraîné. Et ça, Deschamps l'a très bien compris.

Une anecdote survenue en 2014, avant de débuter la Coupe du monde au Brésil, permet d'illustrer ce propos. Deschamps avait ainsi dû faire face à une

●● En 2020, dans *Les Plus grands managers du sport se confient* (Amphora), Philippe Lucas expliquait : « Le plus important également, c'est de savoir comment accompagner ses athlètes quand ils sont dans des périodes difficiles, que ce soit dans l'eau ou hors de l'eau. C'est là que vous devez être présent pour leur faire ressentir que vous allez tout faire pour les aider et parvenir à améliorer la situation. Ça, ce sont des moments clés au sein d'une relation entraîneur-entraîné, parce qu'il n'y a pas que la question des performances sportives qui rentre en compte dans une relation comme celle-ci. Pourquoi ? Parce que l'athlète se souviendra de ces moments et il saura qu'il peut compter sur vous. Et donc qu'il peut vous faire confiance. »

« Je lui dois énormément. Je donne tout pour le maillot, pour la France, mais aussi pour lui. »
Antoine Griezmann

question quelque peu déplacée de la part d'un journaliste lui annonçant la présence d'une maison close à 500 m de l'hôtel des Bleus. Réponse immédiate du sélectionneur tricolore : « Non, je ne savais pas… Mais apparemment, vous êtes mieux renseigné que moi. C'est bizarre, parce que vous devez fréquenter les mêmes endroits que les joueurs. Quand on va jouer en Ukraine, je sais aussi que les soirées des journalistes sont très animées. Curieusement, vous allez dans les mêmes endroits, mais ça se sait moins. Souvent, j'arrive à le savoir quand même. Au cas où. Parce que vous pouvez avoir des dossiers sur les joueurs, mais j'en ai aussi sur vous. C'est bien de savoir ce qui se passe. Après, chacun fait ce qu'il veut. » En d'autres termes, on ne s'attaque pas aux joueurs sous la tutelle de Deschamps, sous peine d'obtenir un retour de bâton immédiat. Assumer ses responsabilités, cela revient aussi à défendre son groupe quand il le faut. La suite prend forme à travers les mots de Benjamin Pavard : « On a envie d'aller à la guerre pour lui ! »

> ***« On a envie d'aller à la guerre pour lui ! »***
> **Benjamin Pavard**

Toujours en ce sens, Kylian Mbappé racontait en 2019 : « Je pense notamment au fait qu'il m'ait sélectionné alors que je ne jouais plus. Pour un joueur, vous ne savez pas ce que c'est… C'est un signal fort ! Extrêmement fort, c'est une marque de confiance qui vaut tout l'argent du monde. […] Une fois qu'il avait fait ça, je crois que je pouvais mourir pour lui sur le terrain. »

SAVOIR RÉAGIR EN TOUTES CIRCONSTANCES

Devenir moins radical et plus flexible, pour Deschamps, cela revient aussi à être parfois plus conciliant et moins catégorique dans son mode de fonctionnement au quotidien. Et dans certaines situations, à prendre en compte le fait qu'il est préférable de ne pas sortir le bâton, mais qu'il vaut mieux favoriser l'acceptation d'une erreur pouvant servir à fédérer un groupe. En 2018, à la suite de la victoire de l'équipe de France face à l'Argentine (en huitième de finale du Mondial, score final : 4 buts à 3, au terme d'un scénario épique), les Bleus décident de se réunir au restaurant pour fêter leur qualification. De retour à l'hôtel, un scénario façon *S.O.S. Fantômes* va se mettre en place. Champion de France en 2011 (avec le LOSC) et présent en Russie avec l'image assumée du « leader d'ambiance », Adil Rami raconte : « On était une quinzaine [de joueurs] au restaurant et quand on est rentrés, avec l'ambiance, on s'est mis à chanter. Fidèle à moi-même, je me suis mis avec mon casque, nu, et je jouais à Fortnite dans ma chambre. Et dans le couloir, ça chantait, ça chantait… Les mecs tapaient chambre par chambre. Ils chantaient des chants de supporters. Là, je sentais la tempête arriver vers moi… » En d'autres termes, le moment était venu de célébrer la sacro-sainte maxime « le groupe vit bien ». Rami, toujours : « Dès qu'il y avait un joueur qui avait le malheur d'ouvrir sa porte, ils retournaient les lits, les machins, etc. Moi, j'avais pris un extincteur dans ma chambre. Sécurité, on ne sait jamais contre les gamins. Et là, je sors pour savoir ce qui se passe – il y a Ben Mendy qui bloque ma porte avec son pied. » L'ancien Lillois est malin, il n'est pas question de se laisser faire : « Je suis parti en courant, j'ai dégoupillé l'extincteur, et quand ils sont rentrés, *ghostbuster !* » Au vu de l'ampleur des dégâts, de la fumée et de la mousse qui envahissent tout le couloir, il raconte sa frayeur, en particulier de se faire virer : « C'était une chicha ! [...] Tout le monde courait, dansait, chantait, se tapait dessus, comme on ne voyait pas dans les couloirs. On dansait tous. » Mais heureusement : « J'avais remis mon slip entre-temps... Ça faisait mal, quand même, pour respirer. Tout à coup, la sécurité est arrivée et a dit : "Dégagez tous de l'hôtel, c'est toxique." Comme des mouches, tout le monde se réveille, en plus, il y avait l'alarme... Tout le monde est sorti de l'hôtel, les employés et tout, Didier Deschamps aussi, en pyjama... » Désormais, donc, reste à savoir ce qu'en pense le sélectionneur : « Je me suis dit : "On est dans la merde !" J'ai vu la sécurité, la police, tout ! »

Au mois de juillet 2018, à la suite de la victoire des Bleus en Russie, synonyme de deuxième étoile sur le maillot pour l'équipe de France, Deschamps reviendra sur cet épisode dans les colonnes de *La Provence* : « Les joueurs n'étaient pas en virée nocturne, ils étaient juste partis manger ensemble, comme ils l'ont fait certaines fois. Ils sont rentrés à l'heure prévue. Il s'est passé ce qui s'est passé, ça a réveillé tout le monde. Je vais corriger certaines choses : je n'étais pas en pyjama ! Je n'en mets jamais... Je me suis habillé, j'ai mis des baskets et un survêtement. J'étais au téléphone pour savoir ce qui se passait. Je ne vous cache pas que j'étais parti pour remonter des bretelles. Ils étaient à une centaine de mètres et je les ai entendus dire : "On est tous ensemble, c'est personne, ce sont les vingt-trois !" Je me suis mis à marcher et je me suis demandé si ça m'était déjà arrivé d'être dans une telle situation quand j'étais joueur. Je suis arrivé, je les ai regardés et je n'ai rien dit. Voilà[3]. » Dans certaines situations, un simple regard suffit. Sans prononcer le moindre mot[4], Deschamps fera ainsi demi-tour, avant de regagner sa chambre[5].

« Je suis arrivé, je les ai regardés et je n'ai rien dit. »
Didier Deschamps

Uber
Eat

Page 68 ▸ 1. Interrogé sur la « méthode Tudor » par le quotidien *La Provence* au mois de janvier 2023, en évoquant cette absence d'exigence parfois ressentie par certains acteurs du football tricolore, Jean-Pierre Papin expliquait : « Je l'ai rencontré [l'entraîneur de l'OM, *nda*]. J'ai pu comparer avec ce que j'ai vu dans ma carrière, car j'ai eu la chance de jouer sous les ordres d'entraîneurs étrangers. On a un problème en France sur l'exigence. Quand on connaît Tudor, qu'on regarde son parcours, on voit que l'exigence est la base de son travail. À partir du moment où les joueurs l'ont accepté, tout s'est accéléré. »

Page 69 ▸ 2. En vérité, il s'agit d'une question récurrente lors du recrutement d'un joueur. Au sujet de sa première rencontre avec Sir Alex Ferguson, en marge de son départ de l'AS Monaco, Patrice Évra explique : « Je me souviens, c'était à l'aéroport, j'ai cru que c'était une interview du FBI... Déjà, il me dit : "Est-ce que vous êtes marié ? Est-ce que vous aimez bien sortir ? Est-ce que vous aimez boire de l'alcool ? À quelle heure vous couchez-vous ?" »

Page 76 ▸ 3. À l'époque où il entraînait Bilbao, Marcelo Bielsa expliquait : « La punition est plus superficielle que le pardon et le pardon est plus superficiel que l'amour. Avec le temps, je me suis rendu compte que pardonner et aimer le footballeur le rendent meilleur. »

Page 76 ▸ 4. Dans le management – qu'il soit exercé dans le monde du sport ou dans le monde de l'entreprise –, il n'y a pas, d'une part, d'école dite « nouvelle » et de l'autre une « ancienne école », mais seulement plusieurs écoles distinctes développées en fonction du degré d'autorité du manager en question et de sa vision du respect des procédures, chacune soumise à l'évolution des mentalités. « Aujourd'hui », développe Juan Román Riquelme, ancienne légende de Boca Juniors et de Villareal, « on doit s'habituer, parce qu'il y a la Play, l'ordinateur, les téléphones, des choses qui ne m'intéressent pas, alors que je suis conscient que même mes enfants les utilisent. Mais moi, tu m'enlèves le foot, je meurs. Il y a dix ans, on vivait le football de manière différente. Dans le vestiaire, les anciens nous parlaient de football et le reste n'avait aucune importance. Aujourd'hui, dans le vestiaire, ce dont on parle le moins, c'est de foot. » Au quotidien, en fonction des situations, une école peut s'avérer plus adaptée qu'une autre, mais cela ne doit pas constituer une raison valable pour les opposer radicalement, puisqu'elles peuvent se compléter. La seule règle valable : savoir s'adapter et rester mesuré. De son côté, Deschamps répète souvent qu'il a une « ligne directrice » et qu'il s'y tient. Mais cela ne l'empêche pas d'évoluer au fil du temps, en témoigne sa mesure à l'endroit de son groupe lors de cette soirée à thème *ghostbuster*. Dans le jargon, on appelle cela « le pragmatisme à la Deschamps ».

Page 76 ▸ 5. Sur le récit de cette soirée rocambolesque, Adil Rami raconte : « Le lendemain matin, il [Deschamps] me croise et me dit : "Oh, le pompier, ça va ?" Ça m'a soulagé car j'avais une boule au ventre, quand même. J'ai aimé cette attitude. » Comme il le confiera dans les colonnes de *La Provence*, Deschamps n'a jamais pensé à exclure Rami du groupe à la suite de cet épisode. « Le lendemain, il m'a dit que c'était lui [...]. Il m'a dit qu'il voulait s'excuser. Je ne lui demandais rien. Il a pensé que c'était bien. Il l'a fait et je lui ai fait une plaisanterie [...] qui a fait rire tout le monde. Ça s'est refermé là-dessus. » Si un destin commun naît du partage de règles simples et élémentaires, cela crée également des souvenirs en commun, une mémoire collective. Ancien joueur du PSG et de l'OGC Nice, Mathieu Bodmer éclaire : « C'est important pour le groupe d'avoir des moments comme ça. C'est le discours que je tiens auprès des jeunes aujourd'hui : quand on sort entre nous, c'est là qu'on apprend à connaître les mecs. Dans les vestiaires, ce n'est pas toujours le cas. Il faut profiter de ces moments où on est au resto, autour d'un verre, plus relâchés, décontractés. Un joueur va peut-être se lâcher un peu plus qu'habituellement et s'ouvrir aux autres. Dans certaines circonstances, c'est une façon de briser la glace. Et puis ce sont les souvenirs qui créent une équipe. C'est comme ça qu'on apprend à se battre les uns pour les autres, en passant du temps ensemble. Ensuite, on ne se foutra pas sur la gueule avec un mec avec qui on vient de déconner peu de temps auparavant - ou alors ça servira à mettre les points sur les i, comme on dit. » En 2022, lors du Mondial au Qatar, à la suite de la victoire de la France face au Danemark (2 buts à 1), interrompu en pleine conférence de presse par l'alarme incendie, Raphaël Varane fera référence au fameux épisode : « Cette fois, ce n'est pas Adil Rami ! Je vous le promets ! »

CHAPITRE 4

ENTRAÎNER COMME ON NAÎT

DESCHAMPS
n'oublie pas
D'OÙ IL VIENT
et cela
MARQUE DURABLEMENT SES MÉTHODES DE TRAVAIL.

La vie est une partie d'échecs. En 2007, Garry Kasparov expliquait : « Mon style agressif, dynamique, est en accord avec mes talents et ma personnalité. Même lorsque je suis contraint à la défense, je cherche constamment une ouverture pour renverser les rôles et contre-attaquer. Et lorsque je suis offensif, je ne me contente pas de gains modestes. Je préfère un jeu tendu, énergique, avec les pièces opérant de grands mouvements et où le premier à faire une faute perd la partie. D'autres joueurs, tel celui que j'ai battu en championnat du monde, Anatoli Karpov, se spécialisent dans l'accumulation de petits avantages. Ils ne prennent que peu de risques et se satisfont d'améliorer leur position petit à petit jusqu'à faire craquer leur adversaire. Mais toutes ces stratégies – de défense, d'attaque, de manœuvres – peuvent être hautement efficaces dans les mains de celui qui les maîtrise bien. » Pour Deschamps, depuis sa position, comme pour n'importe quel entraîneur ou manager, il s'agit d'entraîner en étant en accord avec sa propre personnalité. Déjà plus jeune, Deschamps en faisait toujours plus que les autres, raconte son ancien entraîneur au FC Nantes, Jean-Claude Suaudeau. « Il ne réalisait pas tout techniquement, mais, pendant que ses partenaires essayaient une fois, lui, il essayait plus. » Mais surtout : « Il admettait difficilement qu'on puisse ne pas en faire autant. […] Je n'ai pas retrouvé un joueur aimant autant le goût de l'effort. Il ressemble à un menhir, il est indestructible. Il a une force en lui incroyable. Et les gens qui ont la force, ils ne doutent pas. » Mieux encore, ils entraînent à leur image, en exigeant beaucoup d'intensité de la part de leur groupe. Souvenez-vous des mots de Mathieu Valbuena, précédemment : « Il ne s'en est jamais caché. Il nous disait : "Ce qu'on retient, c'est la victoire." Il abordait la tactique, mais à l'image du joueur qu'il était, il insistait sur l'intensité, l'état d'esprit. » Ce n'est d'ailleurs pas un hasard si on entend souvent Deschamps répéter qu'il faut des « architectes » sur un terrain, mais aussi des « maçons ». Pour devenir un vrai leader et guider correctement son navire, il faut savoir être crédible avant d'être technicien, transmettre et partager ses idées avec clarté, conviction et passion. Il y a

« Il ne réalisait pas tout techniquement, mais, pendant que ses partenaires essayaient une fois, lui, il essayait plus. »
Jean-Claude Suaudeau

une différence notable entre savoir faire quelque chose et savoir expliquer à quelqu'un comment le réaliser. Poser des mots sur des sensations et développer un langage propice au partage du savoir. Avoir le recul et l'objectivité nécessaires pour comprendre pourquoi son explication est mal interprétée ou tout simplement admettre que son message n'est pas transmis avec efficacité. Dans la vie, peu importe la discipline au sein de laquelle vous exercez, vous pouvez avoir les meilleures idées du monde, si vous ne parvenez pas à les faire connaître et à fédérer autour de votre personne – mais aussi et surtout autour d'un projet commun –, vous n'irez nulle part. Ancien entraîneur de Sassuolo et de l'AS Roma en Italie, Eusebio Di Francesco développe : « Si tu n'es pas sûr de ce que tu es en train de faire, les joueurs le ressentent facilement, ils arrivent à lire tes états d'âme, ils comprennent que tu n'as pas confiance en toi et ne te suivent plus. » Similairement, Béla Guttmann, ancien entraîneur historique de la Hongrie et du Benfica, analyse : « À partir du moment où les joueurs voient dans ton regard un peu de fébrilité, tu es mort. »

Avec plus de mesure dans ses propos, vainqueur de la Coupe du

> ***« Si tu n'es pas sûr de ce que tu es en train de faire, les joueurs le ressentent facilement, ils arrivent à lire tes états d'âme, ils comprennent que tu n'as pas confiance en toi et ne te suivent plus. »***
> **Eusebio Di Francesco**

monde en 2010 et de l'Euro en 2012 avec l'Espagne, Vicente del Bosque expliquait : « Il n'y a aucune différence entre un bon manager et un bon entraîneur. L'un ne va pas sans l'autre. Pour être un bon entraîneur, il faut savoir gérer les relations humaines aussi bien que la stratégie. » Dans cette logique, Deschamps s'exprime sur la victoire de l'Olympique de Marseille en Coupe d'Europe (en 1993, face à l'AC Milan) : « Ce n'est peut-être pas la meilleure équipe ou la plus douée qui devient championne d'Europe. » Forcément, cela laisse des traces mémorables pour constituer un groupe par la suite. De son côté, Vicente del Bosque expli-

« Il n'y a aucune différence entre un bon manager et un bon entraîneur. »
Vicente del Bosque

quait : « Ce n'est pas le meilleur groupe qui gagne à la fin, mais celui qui vit le mieux ensemble●. » En somme, il s'agirait presque d'un euphémisme tant la psychologie a pris une part prépondérante dans la gestion de groupe au gré de l'évolution de la société. Ce n'est pas pour déplaire à « DD », qui dit adorer cela : « J'ai l'impression d'avoir toujours fait attention à ça. Même à Nantes, la communication m'intéressait. La relation avec les médias, comment les choses pouvaient être comprises ou interprétées. »

●
Empruntés à un autre sport, les mots restent similaires : « Constituer une équipe, c'est toujours une question d'équilibre », éclaire Vincent Collet, sélectionneur de l'équipe de France de basket depuis 2009. « De l'extérieur, les gens veulent toujours voir les meilleurs joueurs ensemble. Mais, quand on fait cela, on ne fait pas une très bonne équipe, simplement un très bon poster. Cela va donner un très bel assemblage, mais qui ne sera pas préparé pour gagner. » Si le sport, ou même plus largement la gestion de groupe, se limitait uniquement à l'addition de « talents », cela serait bien trop facile...

S'ADAPTER À LA « NOUVELLE GÉNÉRATION »

Avant son départ à la retraite, Ferguson expliquait : « Les joueurs actuels ne viennent pas du même environnement que celui dans lequel j'ai grandi. Donc, il faut s'adapter à ça. » Deschamps complète l'analyse en indiquant qu'à l'époque les joueurs acceptaient plus de choses. Pour Ferguson toujours, il faut avant tout être un manager d'hommes pour gérer des ego, des personnalités différentes et motiver des joueurs qui ont aujourd'hui tout. Sur la fameuse « nouvelle génération », en 2017, José Mourinho témoignait dans les colonnes du magazine *FranceFootball* : « J'ai dû m'adapter à un monde nouveau. À ce que les jeunes joueurs sont maintenant. J'ai dû faire la différence entre travailler avec un garçon comme Frank Lampard, qui, à 23 ans, était déjà un homme, qui pensait football, travail, professionnalisme, et les nouveaux garçons de 23 ans, qui sont des gamins. Aujourd'hui, je les appelle *boys*, pas *men*. Parce que je pense que ce sont des mômes et que tout ce qui les entoure ne facilite ni leur vie ni mon travail. Il a fallu m'ajuster à tout cela. Il y a dix ans, aucun joueur n'avait de portable dans le vestiaire. Ça n'est plus le cas. Mais il faut s'y faire parce que si tu combats ça, tu engendres le conflit et tu te mures dans l'âge de pierre. » S'il est considéré comme un menhir par Jean-Claude Suadeau, pas question de se transformer en tas de pierres pour Deschamps. Lors du Mondial au Qatar, à plusieurs reprises, le Basque a demandé à décaler l'heure du repas de quinze minutes parce que les joueurs traînaient un peu dans les vestiaires. Si un destin commun s'établit à partir de règles simples et élémentaires, il convient parfois de s'adapter avec une dose de pragmatisme, voire d'humour. Dans cette même dynamique, Ancelotti avait expliqué à ses joueurs du PSG, après l'anniversaire de Mamadou Sakho : « Je sais que vous êtes sortis ce week-end et que vous vous êtes couchés tard. La prochaine fois que vous faites ça, si vous ne voulez pas être sanctionnés, vous êtes priés d'inviter le staff. » Interrogé à son tour sur cette « nouvelle génération », Thierry Henry répondait en 2023 qu'on ne pouvait comparer ni les années ni les générations : « À notre époque, on n'avait pas toute cette technologie, on n'avait pas les réseaux sociaux, rien de tout ça. Aujourd'hui, les joueurs peuvent répondre et interagir directement avec leurs fans, mais aussi être notifiés. On n'avait pas cette pression. » Au sujet de l'aspect disciplinaire et de l'évolution du rapport à l'autorité, l'ancien attaquant d'Arsenal ajoute : « Quand j'étais un jeune joueur, je n'osais pas répondre à mon coach. Tu arrivais en retard, tu ne jouais pas. Aujourd'hui, un joueur arrive en retard, on doit éviter d'y aller trop fort. C'est comme

« Tu ne peux plus dire à un joueur de jouer d'une certaine façon, il veut savoir pourquoi. Puis il va contester ta décision. On vit dans un monde où il faut se justifier, maintenant. Mais, si tu lui expliques le pourquoi, il comprendra. »

Thierry Henry

ça pour tout, maintenant. Tu ne peux plus dire à un joueur de jouer d'une certaine façon, il veut savoir pourquoi. Puis il va contester ta décision. On vit dans un monde où il faut se justifier, maintenant. Mais, si tu lui expliques le pourquoi, il comprendra. » Pour cela, encore faut-il être bon pédagogue. En 2019, l'actuel sélectionneur des Bleus considérait que reproduire ce qui marchait dix ans ou vingt ans auparavant n'irait pas forcément aujourd'hui. Les personnes ont changé, tout comme leurs centres d'intérêt. Ils ne fonctionnent pas de la même manière. Mais surtout, pour Deschamps, l'essentiel pour un dirigeant ou une personne avec des responsabilités, c'est de s'adapter, que cela soit au contexte ou aux personnes en face de soi, avec leur caractère et leur personnalité propres.

Selon la doctrine de Ferguson, il faut avant tout parvenir à s'appuyer sur son expérience d'homme, avant celle d'entraîneur. Surtout, parvenir à les faire devenir complémentaires. Dans ce sens, José Mourinho partage son expérience personnelle : « Si tu empêches un joueur de faire une chose, même un peu stupide, sur les réseaux sociaux, tu vas contre la nature. J'avoue que le fait d'avoir un fils et une fille de ces âges-là m'a aidé à comprendre leur fonctionnement et ce qu'est le monde d'aujourd'hui. J'ai mesuré, d'un point de vue

« La technologie nous a donné de nouveaux outils. La modernité et la science aussi. Mais la clé de tout, sur l'aspect du leadership, c'est de comprendre les gens avec qui vous travaillez aujourd'hui. »

José Mourinho

méthodologique, la nature du changement. J'ai bossé en conséquence avec mes assistants pour améliorer, modifier, adapter notre travail. La technologie nous a donné de nouveaux outils. La modernité et la science aussi. Mais la clé de tout, sur l'aspect du leadership, c'est de comprendre les gens avec qui vous travaillez aujourd'hui. » En 2013, l'ancien mentor de Mourinho, Manuel Sérgio, expliquait : « Le football est bien plus qu'une activité physique. C'est une activité humaine, comme la danse ou la musique●. » Le Portugais ajoute : « Il y a une révolution à faire dans le football. Je ne suis pas là pour donner des leçons aux entraîneurs. Je dis simplement que c'est la dimension humaine qui fait la différence. »

● Il continue : « Beaucoup d'intellectuels ou de scientifiques pensent que le football est une activité mineure. Pourtant, c'est le plus grand phénomène culturel du monde, celui qui n'a pas compris cela ne comprendra jamais rien au foot. »

Responsabilisé depuis son plus jeune âge – que ce soit par ses entraîneurs ou, plus simplement, par la vie –, Deschamps a parfaitement assimilé cette notion. Au cours d'une vie, ou bien d'une carrière, il y a toujours des événements qui font prendre la mesure du chemin parcouru. Pour « DD », l'un de ses mythes fondateurs en dit long sur le personnage, et surtout sur son caractère. Fils d'une mère vendeuse de laine et d'un père peintre en bâtiment qui multipliait les heures afin de subvenir aux besoins de sa famille, le Basque a rapidement gagné plus que son père et cela reste gravé dans sa mémoire••. À propos de ce dernier, Deschamps témoignait : « Non, on ne peut pas dire que j'en ai bavé. Lui, il en a certainement plus bavé que moi. Pour d'autres raisons, parce qu'il fallait nourrir la famille, il fallait travailler et des fois sacrifier le week-end pour qu'on ait suffisamment. » Ainsi, l'actuel sélectionneur des Bleus a hérité de valeurs simples mais nécessaires à la construction d'une philosophie de vie équilibrée. Des mots de sa femme, Claude Deschamps, qu'il présentait en 1998, comme le premier juge de ses décisions : « Tous les deux, on a eu une éducation très simple. » Comme son homologue Carlo Ancelotti, se présentant en paysan dans l'âme malgré la notoriété et les nombreux succès, Deschamps confiait en 2014 : « Je viens d'une famille qu'on peut qualifier d'ouvrière. On m'a éduqué dans les valeurs du travail, et puis ce sont aussi des traits de caractère de la région où je suis né. Je n'ai manqué de

« Je ne suis pas là pour donner des leçons aux entraîneurs. Je dis simplement que c'est la dimension humaine qui fait la différence. »

Manuel Sérgio

•• Dans la vie, il faut parvenir à reconnaître les modèles qui nous gouvernent, comme l'expliquerait Garry Kasparov. Et comme pour beaucoup d'enfants, la place du père et de la mère est prépondérante dans la construction philosophique de Didier Deschamps. En 2013, Bernard Pascuito expliquait dans *La Face cachée de Didier Deschamps* : « Si les Deschamps ont continué d'habiter très longtemps la modeste maison d'Anglet, s'ils n'ont pas souhaité s'installer dans une propriété à tous points de vue plus spacieuse et autrement confortable, ce n'est pas que leur fils ne le leur ait pas proposé. Ce n'est pas non plus qu'ils aient reculé devant l'idée de se frotter à une sorte de luxe auquel pouvait leur donner accès l'extraordinaire réussite de Didier. Simplement, cette maison recelait trop de souvenirs charmants ou désenchantés pour qu'ils songent à la quitter. » Surtout, Pierre Deschamps, le père de Didier, a construit cette maison de ses propres mains, au sommet d'une jolie route de campagne. Comme pour faire écho au statut de son fils par la suite, « bâtisseur de groupes ».

rien, mais je n'ai rien eu de superflu non plus[1]. Je suis parti très tôt de chez mes parents. J'étais livré à moi-même à 14 ans et demi, je suis parti très loin… Je pense que ça s'est joué à ce moment-là aussi, parce que j'ai dû m'assumer et grandir très vite. J'ai pris conscience très tôt qu'il fallait répéter les efforts et s'investir au maximum pour atteindre ses objectifs[2]. » Dans cette dynamique, Patrick Mouratoglou, l'ancien entraîneur de Serena Williams, se prononçait : « Comme dit mon ami Pierre-Jean Vazel : "Entraîner un champion olympique, cela ne s'apprend pas dans les livres." Une bonne formation va permettre de posséder les bases, les notions, de comprendre et maîtriser le mode opératoire pour travailler avec un athlète. Mais le secret de la réussite est dans la réflexion et dans la créativité. Il y a une forme d'art là-dedans, et chacun doit trouver les outils de la réussite à chaque nouvelle collaboration. Cela passe nécessairement par l'inspiration. »

« Entraîner un champion olympique, cela ne s'apprend pas dans les livres. »
Pierre-Jean Vazel

LE CADRE FAMILIAL ET L'ENFANCE

Pour ceux qui ont suivi la vie de Didier Deschamps hors des terrains[3], il y a comme une évidence qui apparaît : depuis son plus jeune âge, le Basque n'a pas été épargné par les événements malheureux. Avant cette période, Deschamps avait déjà démontré qu'il pouvait se montrer relativement têtu, ou *capbourrut*, comme on dit au Pays basque. Petit, « DD » pratique surtout le rugby, le handball, le saut en longueur, et bien sûr la pelote basque. Mais c'est à la course à pied qu'il remporte ses premiers trophées. Champion d'académie, il s'octroiera plusieurs titres départementaux et régionaux. À 11 ans, il devient champion de France scolaire sur 1 000 mètres et prouve déjà qu'il est de ceux pour qui la victoire est une nécessité. « Je détestais perdre. Jouer pour jouer, ça ne m'intéressait pas. J'étais horrible. Je piquais des crises. Mauvais joueur ? Plus que ça encore… » Et pourtant un label *winner* certifié.

> ***« Je détestais perdre. Jouer pour jouer, ça ne m'intéressait pas. »***
> **Didier Deschamps**

« Ce jour-là, je suis parti comme un fou. Mon professeur, inquiet, m'a tout de suite demandé de ralentir, mais je ne l'ai pas écouté. J'ai conservé ma cadence et j'ai fini, seul, loin devant tout le monde. » Mais, alors qu'il est plutôt doué balle au pied, « DD » n'est pas spécialement attiré par le football. Bien sûr, il aime y jouer dans la cour de récré ou en famille, mais c'est son meilleur ami qui doit le convaincre de s'inscrire dans un club. Deux possibilités s'offrent à lui, les Genêts d'Anglet ou l'Aviron bayonnais. Quand son père lui demande lequel il préfère, Didier est direct : « Sûrement pas aux Genêts, personne n'est jamais sorti de là ! » À seulement 12 ans, il affiche clairement ses ambitions : s'il s'inscrit dans un club, cela doit avoir un sens. Celui d'une possible ascension. Souvenez-vous, on entraîne comme on naît.

En 1984, « DD » a 16 ans. Il a rejoint le FC Nantes deux ans plus tôt, après avoir refusé les avances de Bordeaux et de l'ASSE. Au départ, le changement de vie est difficile pour lui. La faute à un éloignement de son pays natal, des compagnons pas toujours très sympathiques, et une jalousie chronique envers un talent déjà bien visible et mis en avant par ses éducateurs, qui créera un fossé entre le groupe et lui. Mais voilà, le petit Didier serre les dents, souffre en silence. Il sait bien qu'un jour le travail finira par payer. Et il trouve même le moyen de se faire accepter par ses compagnons. Une histoire d'alcool, comme bien souvent. C'est aussi à cette époque qu'il noue une amitié indéfectible avec Marcel Desailly. Une terrible épreuve va lier éternellement les deux hommes. Le 18 novembre 1984, le demi-frère de Marcel, Seth Adonkor – qui évolue aussi au FC Nantes –, est tué dans un accident de voiture. Aucun dirigeant n'a le cran d'annoncer la nouvelle à Marcel. Du haut de ses 16 ans, c'est donc Didier Deschamps qui va assumer cette responsabilité. « Je n'ai jamais oublié ce que Didier avait fait par amitié ce jour-là. À quel point ça avait dû être dur. Depuis, il représente tout pour moi. » Le sens des responsabilités – le dévouement aux autres –, cela s'acquiert dès le plus jeune âge.

En 1987, la famille Deschamps a prévu de se réunir à Anglet, point d'ancrage familial, afin de célébrer les fêtes de Noël. Le 21 décembre, le frère de Didier, Philippe, quitte Bruxelles pour rejoindre la

Ensuite, « le *feeling* ne s'apprend pas dans les écoles », selon un célèbre chanteur, clamant régulièrement son envie « d'avoir envie ». Pourquoi Sir Alex Ferguson est-il devenu un manager légendaire ? Parce qu'« il avait ça en lui » détaille Michael White, historien du club de Manchester United, « le sens de la négociation et du syndicalisme. »

France. L'avion n'arrivera jamais à destination. Noël ne sera plus jamais pareil pour les Deschamps. « J'avais 19 ans, j'étais déjà mûr », expliquera Didier lors de rares occasions. Bouleversé et choqué par la mort de Philippe, le père de Claude (la femme de Didier) succombera à un infarctus quelques jours après ce terrible événement. Depuis, il n'est pas anodin d'entendre Deschamps expliquer qu'il existe des énergies insoupçonnées qui poussent la motivation à un niveau jamais atteint précédemment[4]. À la suite de la victoire des Bleus en 1998, sa première pensée sera pour ce frère parti trop tôt : « Ce sont des moments douloureux de la vie. […]

« La vie nous enlève des personnes, mais cela nous donne des forces encore plus insoupçonnées. »
Didier Deschamps

La vie nous enlève des personnes, mais cela nous donne des forces encore plus insoupçonnées. » Au terme de la victoire face à la Croatie en 2018, sous le même prisme, « DD » évoquera le décès de sa belle-mère : « Elle voulait me voir champion du monde, et malheureusement, elle est partie plus tôt. C'est une force qui vient d'en haut. Même si je ne veux pas paraître mystique ou croyant. » L'histoire de Didier Deschamps, c'est avant tout celle d'un homme qui s'est construit dans l'adversité. Au mois de juillet 2018, il confiera à ce sujet : « Oui, j'ai un destin professionnel, car la vie n'a pas toujours été facile », tout en ajoutant : « Non, il ne permet pas de compenser ce que j'ai connu. Ces blessures sont indélébiles. Elles restent. Il y a eu des traces tellement douloureuses… Mais on continue à vivre. Cela me donne certainement plus de force. » Sur le plateau de *C à vous*, en 2022, il tempère tout de même le sujet de son fameux destin professionnel en précisant qu'il s'est très souvent retrouvé au bon endroit au bon moment. On entraîne comme on naît… Ensuite, il s'agit de savoir bien s'entourer.

L'IMPORTANCE DE L'ENTOURAGE PROFESSIONNEL ET PERSONNEL

De son côté, Deschamps s'appuie sur un entourage fort. Il y a d'abord Guy Stéphan, son adjoint présent à ses côtés depuis des années et qu'il considère « comme un entraîneur au même titre que lui ». Il se repose également sur son agent historique, Jean-Pierre Bernès. De même, Guardiola clamait haut et fort l'importance du regretté Tito

« C'est important de savoir déceler des choses chez les gens, d'avoir l'œil, de bien savoir s'entourer également. »

Hervé Renard

Vilanova dans l'édifice du « grand Barça », et José Mourinho nommait Rui Faria comme l'une des principales raisons de son succès. Commander, c'est avant tout savoir choisir avec minutie les hommes ou les femmes qui prendront place à ses côtés. Similairement, sur sa relation avec son ancien adjoint [5], Patrice Beaumelle, Hervé Renard expliquait : « C'est important de savoir déceler des choses chez les gens, d'avoir l'œil, de bien savoir s'entourer également. Il y a des gens que j'aime bien, pour qui j'ai de l'affection, mais c'est lui qui reste prioritaire pour travailler avec moi, alors qu'en dehors, au départ, on n'avait pas spécialement de relations. C'est ça, le côté professionnel, il faut savoir faire la part des choses. » Sur le choix d'un adjoint, déterminant au sein d'une réussite collective, l'ancien entraîneur de l'Ajax Amsterdam, Louis van Gaal, analyse aussi : « Je pense que le choix d'un assistant est très difficile. On doit être complémentaires. Il ne doit pas avoir la même personnalité que vous, au contraire. Quand vous parlez football dans une pièce avec vingt personnes, elles ont toutes un point de vue différent, c'est normal, vous devez l'accepter. La philosophie de votre assistant doit cependant être proche de la vôtre. C'est aussi valable pour l'entraîneur des gardiens, le physiothérapeute, le staff médical, ils doivent aussi être proches de votre philosophie. Ils ne doivent pas toujours penser comme vous, car on doit toujours discuter, confronter nos décisions, mais ils doivent avoir la même philosophie ●. »

Sur le processus décisionnel, Deschamps s'exprime : « J'accorde beaucoup de place à mon vécu. Je me dis que mon expérience va m'éviter des erreurs. Reste qu'il faut sans cesse garder à l'esprit que la décision que tu prends a toujours beaucoup

●
De son côté, à la tête du groupe PSA depuis 2014, Carlos Tavares confiait : « Je choisis les membres de mon équipe dirigeante sur leur colonne vertébrale. Ils ne doivent pas avoir peur de s'opposer à moi. Par exemple, quand nous avons une réunion sur un sujet, je tâche de me taire pendant la présentation et de distribuer ensuite la parole. C'est dur, mais j'ai appris à me soigner. À la fin, je reformule et je tranche avec ma propre pondération, forcément discutable. Il m'arrive assez souvent de changer d'avis en écoutant les arguments mis sur la table. Et là, je me dis que j'ai bien fait de me taire. On apprend à tout âge… »

« J'accorde beaucoup de place à mon vécu. Je me dis que mon expérience va m'éviter des erreurs. »
Didier Deschamps

> *« Avant de décider, je veux avoir un maximum d'informations et je compte beaucoup sur mon staff pour m'en fournir. On se concerte, on réfléchit ensemble, mais, au final, c'est moi qui décide et c'est moi qui supporte le risque de la décision. Le* final cut*, c'est moi. »*
>
> **Didier Deschamps**

de conséquences. Avant de décider, je veux avoir un maximum d'informations et je compte beaucoup sur mon staff pour m'en fournir. On se concerte, on réfléchit ensemble, mais, au final, c'est moi qui décide et c'est moi qui supporte le risque de la décision. Le *final cut*, c'est moi. » Il est aussi celui qui doit assumer les conséquences de ses choix face à la presse, à ses joueurs et aux supporters – voire à son président. En somme, de vastes responsabilités…

Deschamps, en 1985, tombe amoureux de Claude, alors étudiante en orthophonie. Deschamps a 17 ans, Claude, 19. Le Basque vient de rencontrer la femme de sa vie. Plus jamais les deux tourtereaux ne se quitteront. À ses côtés, « DD » va trouver un équilibre parfait entre sa vie de footballeur et le cocon familial. Pour lui, Claude sacrifie ses études. Par la suite, elle prend une place capitale dans la réussite de son mari. En 2013, Bernard Pascuito écrivait dans *La Face cachée de Didier Deschamps* : « On ne peut pas essayer de comprendre Didier Deschamps si on ne tient pas compte de la personnalité de sa femme. Sans être envahissante, en toute discrétion, elle est présente dans tous les moments de sa vie. Dans tous les domaines. Il ne décide rien sans en parler avant à Claude. » Mais surtout : « Souvent, elle l'amène à changer d'avis●. » Semblablement, en 2014, José

● Un vieil adage connu de tous dit bien que « derrière chaque grand homme se cache une femme ». Ancien poète français, Gabriel Légouvé ajouterait : « Les femmes polissent les manières et donnent le sentiment des bienséances, elles sont les vrais précepteurs du bon goût, les instigatrices de tous les dévouements. L'homme qui les chérit est rarement un barbare. »

Mourinho expliquait sans détour : « La plus grande influence sur moi, c'est ma femme. Elle ne connaît rien sur le football, elle n'aime pas le football, mais elle est très intelligente et elle m'a aidé en de nombreuses occasions durant ma carrière, dans le sens où elle a modelé ma personnalité. Elle est très compétitive. »

Ainsi, conscient de l'importance de l'entourage pour sa propre stabilité émotionnelle et celle des joueurs, Deschamps avait autorisé des moments d'échanges avec les femmes et les enfants durant la Coupe du monde au Qatar. En plus de cela, le Basque avait organisé une journée de repos complète avec un quartier libre en famille de plusieurs heures. « DD » en avait profité pour passer du temps avec sa femme, Claude, mais il avait aussi tenu à aller saluer les familles des joueurs.

LA FORCE DE LA « NON-RÉVOLUTION »

Au-delà de cet esprit de compétiteur acharné, d'un parcours atypique parfois malheureux et de sa pugnacité dans l'adversité, Didier Deschamps n'a rien inventé dans le monde du football, que ce soit au niveau du management ou du jeu – si ce n'est ce célèbre geste de placer sa main devant la bouche, réalisé à la suite de la finale victorieuse de l'Euro 2000, aux côtés de Roger Lemerre, alors que le sélectionneur tricolore tentait de convaincre Deschamps de continuer son aventure avec les Bleus. Mais finalement, c'est ici que réside l'une des plus grandes forces de l'ancien entraîneur marseillais, avoir l'humilité de ne pas vouloir révolutionner les choses qui l'entourent en permanence. Savoir améliorer l'ensemble tout en s'appuyant sur ses collaborateurs afin de distiller son message, mais aussi et surtout savoir s'appuyer sur leur expérience. Les acteurs, ce sont les joueurs. Nos héros de l'ombre, ce sont nos collaborateurs. Au micro de France Bleu, Christophe Geoffroy, masseur-kinésithérapeute de l'équipe de France, s'exprimait : « Un joueur, quand il commence à s'allonger sur la table, il va rester minimum une heure, une heure et quart. Donc, on a le temps de discuter et d'échanger sur plein de sujets. » Pour Didier Deschamps – comme pour n'importe quel entraîneur –, cela peut représenter une source supplémentaire pour obtenir des informations dans la plus grande discrétion. L'art de la victoire est toujours un processus qui se dessine collectivement. José Mourinho éclaire : « On accorde parfois trop d'importance aux entraîneurs. » Même le plus égocentrique et despotique des managers apprend cette leçon élémentaire au fil du temps●. En 2018, David Marmo rappelait que Didier Deschamps parlait toujours de ses vingt-trois joueurs, et pas uniquement des onze titulaires. Il fait le lien avec le monde de l'entreprise où les relations humaines doivent aussi être mises en avant●●.

Bien évidemment, cela ne se limite pas à l'achat d'un baby-foot ou à l'organisation d'une soirée tombola. En 2010, l'arrivée de Fernando Morientes à l'Olympique de Marseille est une parfaite illustration des propos de David Marmo. Conscient qu'il faut s'appuyer sur des remplaçants capables d'apporter une ambiance positive au sein de son groupe, Deschamps va prendre la décision de recruter à nouveau l'attaquant du Real Madrid, pilier de l'AS Monaco lors de la saison 2003-2004 (avec le statut de meilleur buteur de la Ligue des champions). Les premiers mots de l'entraîneur marseillais à son ancien joueur sont clairs : « Je te connais très bien, je sais le professionnel que tu es et je crois que tu peux servir de miroir important pour tous ces jeunes que nous avons. Il faut qu'ils voient un professionnel qui a tout gagné, mais qui continue à s'entraîner comme un gamin de 18 ans. Je veux un joueur qui soit la référence pour tous ces jeunes, que tu puisses leur parler. » Chez Deschamps, un joueur important, cela ne se limite pas à son apport sur le terrain. Ainsi, il faut savoir entretenir une relation privilégiée avec chacun, malgré un temps de jeu réduit. Aujourd'hui, quand on interroge Morientes sur sa relation avec le Basque, l'Espagnol explique : « J'ai eu de très bons entraîneurs, mais jamais une

« Je ne me suis jamais senti aussi important qu'avec Didier Deschamps. »
Fernando Morientes

●
Selon Steve Jobs lui-même : « Je sais que les gens aiment les symboles, mais c'est toujours embarrassant quand on écrit des histoires sur moi parce que cela occulte beaucoup d'autres personnes. » À l'image de Didier Deschamps qui est devenu plus flexible et moins radical, lors de son retour chez Apple en 1997, après son renvoi de l'entreprise en 1985, Steve Jobs avait accepté de changer son mode de fonctionnement, en mettant moins de pression sur ses collaborateurs. Un homme « nouveau », devenu plus sociable, moins agressif et moins tyrannique.

●●
« Dans l'entreprise aussi, il y a les "remplaçants" : ce sont ces salariés qui ne sont pas sur le devant de la scène, qui font "juste" leur boulot, mais qui le font bien. Ce sont souvent les personnes qui sont les plus dures à féliciter, mais il ne faut pas les oublier. Le parallèle des remplaçants avec le monde de l'entreprise peut aussi être fait avec une équipe projet. C'est une équipe qui se réunit sur une période limitée dans le temps, comme les Bleus pendant le Mondial.

relation comme avec Didier Deschamps. Autant sur le plan professionnel que sur tout ce qu'il m'a montré en tant que personne. » Le triple vainqueur de la Ligue des champions ajoute : « Cette relation personnelle, et non pas professionnelle, cela se retrouve uniquement en famille. [...] Je me disais, tout ça, ce n'est pas réel. [...] Je ne me suis jamais senti aussi important qu'avec Didier Deschamps. »

Avoir le mot juste pour chacun, être présent au bon moment, savoir ressentir ou même anticiper les choses, ce n'est pas si simple au quotidien●. Surtout, cela représente une tâche qui peut rapidement devenir énergivore.

Depuis sa position d'entraîneur philosophe, Marcelo Bielsa admet qu'il ne peut pas dire qu'il ait inventé quelque chose au cours de sa carrière. En revanche, il a observé les grands joueurs sur le terrain.

Il leur faut de bonnes relations humaines pour réussir. Est-ce qu'une équipe s'entend bien parce qu'elle gagne, ou l'inverse ? C'est beaucoup plus simple si on s'entend bien. C'est quelque chose qu'oublient trop souvent les managers en entreprise : on veut être les meilleurs, mais combien de temps on passe à cultiver les relations humaines de son équipe ? »

●

Afin de parvenir à « être et durer », selon la formule, il faut être « bien dans son corps pour être bien dans sa tête ». Pour Deschamps, cela passe de façon régulière par une séance de gainage car « pour donner de l'énergie, il faut en avoir ». Pour Sir Alex Ferguson, il s'agissait des courses hippiques et du bon vin : « La course m'a appris à couper avec le foot, en plus de la lecture et du vin. Cette partie de ma vie s'est vraiment développée en 1997, quand je me suis heurté à un mur et que j'ai compris que j'avais besoin de faire quelque chose d'autre pour détourner mes pensées du football. Apprendre à connaître le vin m'a bien aidé à cet égard. » À chacun ses petits secrets.

> ***« On donne peut-être une dimension démesurée aux entraîneurs. »***
> **Marcelo Bielsa**

« J'ai donc essayé de convertir cela en messages à faire passer aux joueurs avec lesquels je travaille. J'essaie de leur montrer comment on peut produire du beau jeu et être efficace en me basant sur le talent des grands joueurs. On donne peut-être une dimension démesurée aux entraîneurs. Finalement, c'est un récit : on prend exemple sur les grands joueurs et on essaie de calquer ce qu'ils font sur les nôtres. Ce sont des scénarios que l'on tente de reproduire. » Il s'agit d'adapter au mieux son message afin d'obtenir les meilleurs résultats possible ensuite : « J'essaie de déceler ce qu'il y a de mieux au sein des clubs et de les organiser de façon que ce soit le plus rentable possible », raconte

Leonardo Jardim, ancien entraîneur de l'AS Monaco. « Au lieu de me préoccuper de ce que tout le monde voit et de me focaliser sur les limites, je tente de trouver du potentiel là où les autres n'en voient pas et de faire progresser l'ensemble. » Pour Christophe Geoffroy, la force du Basque est qu'il ne se trompe que rarement sur la qualité des talents, mais aussi qu'il possède la faculté de souder les individus pour parvenir à des fins grandioses. D'après la rumeur, « DD » aurait même triomphé à la bataille d'Arcole, en 1796.

En fin de compte, il n'y a rien de véritablement mystérieux dans sa façon de manager un groupe, mais simplement un retour permanent vers le bon sens●●, une quête de la simplicité au quotidien, tout en incarnant un modèle auprès de ses joueurs, puis un repère pour tout un groupe. Une seule vraie règle : connaître ses hommes, pour mieux en extraire le meilleur ensuite. Surtout, ne jamais transformer une étape en objectif, parce que tout est une question de patience et de persévérance. Ainsi, le 18 juillet 2018, lorsque le quotidien *L'Équipe* titrait sa une avec les mots de Raphaël Varane : « La génération "tout pour l'équipe" », il fallait y voir comme un écho au travail réalisé par Didier Deschamps depuis son arrivée à la tête de l'équipe de France. Une victoire qui ne prend pas uniquement forme à travers un titre ou bien une coupe, mais qui laissera des souvenirs pour toute une génération.

●● Ancien inventeur américain et fondateur de la General Electric (l'une des premières puissances industrielles mondiales), Thomas Edison expliquait : « Les trois principaux éléments essentiels pour parvenir à quoi que ce soit qui vaille la peine : tout d'abord, le travail, puis l'assiduité et enfin le bon sens. »

L'AMOUR DU MAILLOT TRICOLORE

« L'équipe de France a toujours été la plus belle chose qui me soit arrivée dans ma vie professionnelle. »
Didier Deschamps

En conférence de presse, à quelques heures de retrouver l'Argentine pour sa deuxième finale de Coupe du monde en tant que sélectionneur, le Basque avait d'ailleurs rappelé son attachement inconditionnel à la sélection nationale : « L'équipe de France a toujours été la plus belle chose qui me soit arrivée dans ma vie professionnelle. J'ai eu ce privilège dans ma première vie de joueur avant de le connaître en tant que sélectionneur depuis dix ans maintenant. C'est vraiment la passion, le très haut niveau. Je suis très bien, très heureux d'être dans cette fonction. Le plus important, ça n'a jamais été moi, mais l'équipe de France. Je considère qu'elle est au-dessus de tout, je suis à son service, depuis dix ans et encore là pour le match qui nous attend demain. J'ai uniquement en tête le match de demain et tout faire pour aller chercher un nouveau titre. » Finalement, au regard de l'attachement de son sélectionneur pour l'équipe de France, il n'y a pas de surprise à constater ô combien les

« Le plus important, ça n'a jamais été moi, mais l'équipe de France. Je considère qu'elle est au-dessus de tout, je suis à son service. »
Didier Deschamps

joueurs respectent le maillot tricolore depuis l'arrivée du Basque à sa tête. En 1993, les larmes du fameux match France-Bulgarie, synonyme d'élimination pour le Mondial 1994, ont enfanté un monstre de compétition : « La première fois où j'ai pleuré toutes mes larmes », expliquera Deschamps, en 2021, ajoutant : « Ça s'est vu. Ça reste. Malgré tout, j'ai connu d'autres moments très joyeux. Mais ça reste une cicatrice. » Chez Deschamps, on n'oublie pas les défaites : on s'en sert comme moteur – et donc comme source de motivation – pour avancer.

FAIRE SES PROPRES CHOIX : DONNER LEUR PLACE AUX JOUEURS

S'il faut parvenir à trouver des modèles qui nous gouvernent[•], pour Deschamps – depuis sa position de sélectionneur national –, cela revient aussi à savoir s'en détacher afin de laisser opérer sa propre méthode. En 2014, à l'aube de sa première Coupe du monde à la tête des Bleus, le Basque va prendre la décision d'annoncer une liste de vingt-trois joueurs, ainsi que sept réservistes. En utilisant ce mode opératoire, l'ancien Marseillais tranche ainsi avec l'un de ses mentors, Aimé Jacquet, qui, en 1998, avait pris le parti de sélectionner un groupe dans un premier temps composé de vingt-huit joueurs, avant d'en laisser six sur le carreau (Martin Djetou, Nicolas Anelka, Lionel Letizi, Sabri Lamouchi, Pierre Laigle et Ibrahim Ba), dans des conditions plus que délicates. En effet, pour justifier son choix face à la presse, Aimé Jacquet avait utilisé ces mots : « Les absents ont été éradiqués au nom de la collectivité. » Malgré sa maladresse, selon

[•] « La doctrine fait naître l'unité de penser ; elle nous inspire une même manière de vivre et de mourir, et elle nous rend intrépides et inébranlables dans les malheurs et dans la mort. » Sun Tzu, *L'Art de la guerre*

Karim Nedjari, « deux jours plus tard, lors du tournoi de Casablanca au Maroc, il fera un petit malaise vagal tellement il a souffert d'imposer cette épreuve à six de ses garçons ». Ainsi, un mois avant le début du Mondial brésilien, Deschamps annonçait qu'il avait « toujours été convaincu que la meilleure solution était de nommer une liste de vingt-trois, dès le départ », pour une question d'état d'esprit. Il voulait constituer le meilleur groupe sans forcément prendre les meilleurs joueurs. Il appellera donc trente joueurs au total. Par la suite, les sept réservistes quitteront le groupe au terme du stage de préparation collectif, tout en sachant que leur destin était joué dès l'annonce effectuée par leur sélectionneur sur le plateau de TF1. En fin de compte, de quoi éviter une nouvelle soirée aux allures de psychodrame●●. Selon Karim Nedjari, directeur général de RMC et ancien journaliste au *Parisien*, l'obsession de Deschamps est d'éviter le drame humain.

Pour justifier l'absence très remarquée de Samir Nasri, auteur d'une fin de saison tonitruante avec son club de Manchester City, ponctuée par un titre de champion d'Angleterre, Deschamps sera direct : « Il a un statut important à City, où il est titulaire, ce qui n'est pas le cas aujourd'hui en équipe de France. » Mais surtout : « Quand il est remplaçant, comme il l'a dit, il n'est pas content. Je peux vous assurer que cela se ressent dans le groupe, et c'est pour toutes ces raisons que j'ai décidé de ne pas le retenir●●●. » Difficile de faire plus clair. Surtout, depuis cette soirée victorieuse face à l'Ukraine, les rênes du jeu appartiennent désormais à Mathieu Valbuena en position haute et à Yohan Cabaye en position basse.

> ***« Constituer une équipe, c'est toujours une question d'équilibre. »***
> **Vincent Collet**

●● Voir : *La Nuit des maudits*, par Karim Nedjari, aux éditions Fayard (2018).

●●● Souvenez-vous des mots de Vincent Collet précédemment : « Constituer une équipe, c'est toujours une question d'équilibre. De l'extérieur, les gens veulent toujours voir les meilleurs joueurs ensemble. Mais quand on fait cela, on ne fait pas une très bonne équipe, simplement un très bon *roster*. Cela va donner un très bel assemblage, mais qui ne sera pas préparé pour gagner. » À vrai dire, même la légende Johan Cruyff avait son avis sur la question : « Si vous choisissez le meilleur à chaque poste, vous n'aurez pas une bonne équipe mais onze numéros un. »

En 2018, fidèle à sa fameuse ligne directrice qu'il convient d'adapter en fonction des circonstances, Deschamps va changer de mode opératoire. Après l'instauration des réservistes, place aux suppléants : à savoir, au lieu de sélectionner un groupe de joueurs destinés à s'entraîner avec le groupe – et à le quitter à la fin du stage de préparation –, le Basque va convoquer onze joueurs supplémentaires disponibles en cas de blessure. Au micro de TF1, le jour de l'annonce de sa liste, le sélectionneur éclaire son choix : « Les suppléants auront un programme, et au cas où, ils se tiendront prêts. Ils n'iront pas à Clairefontaine. Je veux aller sur le qualitatif, qu'on soit focalisés dès le 23 mai sur le Mondial. » Une nouvelle fois, à partir du moment où le destin des onze réservistes est joué dès le départ, tout est plus clair pour l'ensemble du groupe. En 2018, pour sa deuxième Coupe du monde à la tête des Bleus, Deschamps sera confronté au refus d'Adrien Rabiot (23 ans à l'époque) d'intégrer le fameux groupe des réservistes. Aux yeux du milieu parisien, cette sélection ne coïncide pas avec son statut. Réponse immédiate du sélectionneur national en conférence de presse : « J'ose espérer qu'à travers des décisions comme celle-là, ça lui permettra de mûrir, de réfléchir. On se doit d'être professionnels en toutes circonstances. J'en prends acte, je ne vais pas vous dire que ça me fait plaisir, mais je ne vais pas en faire des histoires pendant des jours. » Finalement, Rabiot sera écarté du groupe tricolore pendant plus de deux ans, avant de retrouver l'équipe de France lors de la Ligue des Nations en 2021 ●. En 2022, avec un Mondial qatari disputé à la mi-saison – ainsi qu'une cascade de blessures et de forfaits –, Deschamps prendra la décision d'annoncer une liste de vingt-cinq joueurs, sans réservistes ni suppléants. Mais avec un épineux « dossier Benzema » à gérer, laissant plusieurs zones d'ombre autour de la gestion de son cas par le staff de l'équipe de France.

● Ancien président américain (de 1961 jusqu'à sa mort, en 1963), John Fitzgerald Kennedy expliquait : « Pardonnez à vos ennemis, mais n'oubliez jamais leurs noms. » Pour Deschamps, un jour, ils pourraient bien devenir les remplaçants de Paul Pogba et de N'Golo Kanté. Mais aussi « Traitez bien les prisonniers, nourrissez-les comme vos propres soldats ; faites en sorte, s'il se peut, qu'ils se trouvent mieux chez vous qu'ils ne le seraient dans leur propre camp, ou dans le sein même de leur patrie. Ne les laissez jamais oisifs, tirez parti de leurs services avec les défiances convenables, et, pour le dire en deux mots, conduisez-vous à leur égard comme s'ils étaient des troupes qui se fussent enrôlées librement sous vos étendards. Voilà ce que j'appelle gagner une bataille et devenir plus fort. » Sun Tzu, *L'Art de la guerre*

Page 90 ▸ 1. C'est une anecdote qui en dit long sur la mentalité de Didier Deschamps. En 2000, après une saison passée du côté de Chelsea, « DD » rejoint l'Espagne et le FC Valence. En arrivant sur place, l'actuel sélectionneur tricolore va constater la différence de mentalité existante avec l'Angleterre. Ainsi, il ne sortira qu'à deux reprises sa Ferrari. « Ici, ça peut faire des jaloux, ça me gêne… », se justifiera-t-il, rappelant sa quête perpétuelle d'anonymat. « S'il faut parler de moi, je n'ai rien à dire », disait-il en 2018. Pour vivre heureux, vivons cachés.

Page 90 ▸ 2. Aujourd'hui, quand on l'interroge sur sa vision de l'éducation, Didier Deschamps explique : « Après, ça, c'est plus ma vision de l'éducation [de savoir inculquer un esprit de compétiteur], je ne dis pas que c'est la bonne pour tout le monde, mais mon fils reconnaît aujourd'hui que c'est quelque chose qui lui a servi et qui lui sert, qui lui a forgé un mental. Parce que moi aussi j'ai été éduqué comme ça – être dans l'adversité –, et cela oblige à aller puiser au plus profond de soi, et les qualités psychologiques, mentales sont très importantes aussi dans le sport de haut niveau. » Le sélectionneur des Bleus ajoute : « [Ça] ne veut pas dire que certains papas ne peuvent pas éduquer leur fils d'une autre manière [et cela va fonctionner également, *nda*]. C'est une vision d'une forme d'éducation qui peut réussir avec certains enfants, mais qui peut ne pas être la bonne avec d'autres aussi. » Plus simplement, selon Deschamps : « Chacun peut avoir un avis et ne pas forcément détenir la vérité. »

Page 91 ▸ 3. En 2019, au sujet de sa vie privée, Didier Deschamps expliquait : « La quasi-totalité des personnes qui disent me connaître me connaissent à travers ce qu'elles peuvent voir de moi quand je suis dans mon rôle de sélectionneur ou avant quand j'étais joueur, mais ce n'est pas forcément ce que je suis dans ma vie au quotidien. »

Page 93 ▸ 4. Sans revendiquer un côté croyant pour autant, durant sa période en tant que joueur, à chaque fois qu'il rentrait sur la pelouse, Deschamps embrassait son alliance, comme pour faire écho à cette « force supplémentaire » apportée par sa femme. Aujourd'hui, comme rituel, avant chaque rencontre, Deschamps se réunit avec son staff au milieu de la pelouse afin de se familiariser avec le stade. Ensuite, avant chaque grande compétition, Deschamps rase le crâne de son adjoint, Guy Stéphan.

Page 95 ▸ 5. Toujours sur le processus décisionnel, Deschamps expliquait en 2022 : « Je ne vais pas rentrer dans le secret des dieux…, mais j'ai une manière de fonctionner et je m'habitue à cela. C'est-à-dire que j'anticipe la *deadline* d'une décision à prendre – je ne sais pas, par exemple, demain à midi –, et je vais décider de la prendre ce soir avant vingt heures, par exemple. Et je la prends [cette décision]. Et je vois le ressenti que j'ai. Si je me sens comme soulagé : je sais que c'est la bonne décision. Si je me pose encore des questions, je vais y repenser et je ne suis pas sûr que c'était la bonne, donc je vais changer. Cela évolue, la réflexion. Surtout la nuit. Mais le matin, cela devient une évidence. Après, je ne passe pas toute la nuit à réfléchir non plus, mais avant de m'endormir, j'y pense parce que je suis quelqu'un qui dort bien, j'y pense, j'y pense… Et le matin, c'est clair. La nuit porte conseil… »

CHAPITRE 5

L'ART DE SAVOIR CAUSER

Un sélectionneur doit mener ses hommes vers le succès, et pour ce faire,

IL FAUT LES MOBILISER, SAVOIR LEUR PARLER.

Un domaine dans lequel Deschamps se démarque.

Le dernier point, et non des moindres, dans la méthode Deschamps : la communication. Pour *Secrets de coachs* (Hugo Sport), il expliquait en 2011 : « L'écoute est très importante. Mais si je dis une phrase, sur vingt-cinq joueurs, il y en a dix qui vont retenir un mot, dix qui vont en retenir un autre. L'important, à mes yeux, c'est aussi de répéter en faisant attention à utiliser certains mots-clés qui, eux, doivent rester constants. » Transmettre, communiquer, tout en gardant en tête cette notion de persuasion et d'incitation à l'éveil. À l'école, en entreprise ou sur un terrain de football, les bases restent les mêmes : « Les mots que tu choisis sont importants, la façon de les dire est également un aspect capital. Prenons le cas banal d'une phrase type : "Allez, les gars, aujourd'hui, on y va !" La conviction qui va ressortir de ta voix et des gestes qui vont accompagner tes mots sera capitale. Le cœur du sujet, c'est la crédibilité. Et elle est remise en jeu tous les jours. »

« Ce n'est pas un métier très normal, mais il me plaît. En regardant bien, il n'y a que les hommes politiques qui sont autant exposés. Entre les conférences d'avant-match, de jour de match et d'après-match, on est constamment sur le devant de la scène. Entraîneur et homme politique, c'est presque le même métier. Et pas seulement en termes d'exposition. On est là pour afficher, défendre et faire appliquer des idées pour une cause commune. On a des victoires, des déroutes, il faut se relever, se remettre en question, puis repartir au combat en fédérant une équipe autour de soi. Il y a beaucoup de similitudes. »

Jocelyn Gourvennec

FAIRE ATTENTION AUX POUVOIRS DES MÉDIAS

« Ma priorité est l'unité du groupe. Avec le monde qui est si connecté aujourd'hui, les choses peuvent dégénérer très rapidement. Avec la moindre phrase ou la moindre photo, nous pouvons nous laisser emporter. »

Didier Deschamps

Surtout, avec l'évolution de la société et l'apport des nouvelles technologies, l'entraîneur doit encore faire plus attention aux mots qu'il prononce au quotidien ou en conférence de presse. Et à ce petit jeu-là, Deschamps excelle. Déjà capitaine, le Basque avait le mot juste, selon Basile Boli, son ancien coéquipier à l'OM. Le mot juste pour rassurer ou pour motiver, donc, mais aussi pour éviter d'engendrer un climat négatif autour de son équipe. Interrogé à la suite de la victoire du Brésil face à la Serbie durant le Mondial 2022, Thiago Silva avait expliqué : « Aujourd'hui, tout nous parvient. Vous ouvrez Instagram et tout est en première page. Je n'aime pas trop parler de nos adversaires, car nous avons beaucoup de respect pour chacun d'eux. Mais je pense qu'il [l'entraîneur de la Serbie] ne nous respectait pas, surtout le secteur défensif. […] J'espère que les prochaines fois, il pourra étudier un peu mieux notre équipe et avoir un peu plus de respect dans sa déclaration. »

De la même façon, à la suite de la qualification de l'Argentine face aux Pays-Bas acquise aux tirs au but, le gardien argentin Emiliano Martínez avait expliqué : « Les Néerlandais ont dit trop de conneries. Van Gaal [leur entraîneur] a dit qu'ils étaient favoris en cas de TAB. J'ai fait une capture d'écran. Je l'ai montrée à mon psy. Je ne pensais qu'à fermer leurs bouches. Je l'ai dit à Leo. Il m'a dit qu'il allait leur mettre deux buts. » Maîtriser sa communication, cela revient aussi à éviter de motiver ses adversaires. Avec une expérience aussi conséquente d'ancien joueur, puis d'entraîneur et aujourd'hui de sélectionneur, Deschamps évite ces erreurs en utilisant une communication parfois simpliste, malicieuse, et en détournant l'attention avec humour quand il le faut. Un exercice réalisé dans la peau d'un futur homme politique.

« Je suis comme saint Thomas, je crois ce que je vois. Je ne suis pas là pour prédire. »
Didier Deschamps

Le 3 décembre 2022, interrogé sur les surprises du premier tour du Mondial au Qatar, à la veille de retrouver la Pologne en huitième de finale, « DD » s'exerçait d'ailleurs à merveille : « Je suis comme saint Thomas, je crois ce que je vois. Je ne suis pas là pour prédire. » À peu de chose près, un discours rappelant Jacques Chirac – ou bien un autre candidat à la présidentielle –, refusant d'anticiper le résultat des prochaines élections. Au sujet de l'ancien président de la République, le Basque avait d'ailleurs déclaré en 2019 : « En 1998, Jacques Chirac était notre vingt-troisième joueur. » En 2020, dans un autre sport – mais où l'enjeu de la communication reste similaire –, l'ancien sélectionneur du XV de France de rugby, Marc Lièvremont, expliquait : « Cet aspect de la communication dans le management et surtout face à la presse, c'est quelque chose qu'un Bernard Laporte ou un Didier Deschamps vont maîtriser à la perfection. Moi, un peu moins parce que je suis beaucoup plus dans la spontanéité et moins dans le calcul. » Dans un monde d'image et de communication, le Malin occupe forcément une place de choix. Trop verser dans la spontanéité, cela peut donc revenir à perdre le contrôle des événements en fonction de son degré d'aptitude à gérer ses émotions. Et ça, Didier Deschamps l'a très bien compris, depuis ses premiers pas dans le monde du football. Ici encore, responsabilisé dès le plus jeune âge : « Les devoirs médiatiques ne me gênent pas. Je les fais même avec plaisir. J'ai commencé à 15 ans à Nantes, où on m'a posé devant un micro en me disant de parler une minute. Et j'ai eu mon premier article au même âge. C'était dans *Pif Gadget* ! » Imaginez l'expérience acquise…

SAVOIR PARLER ET RÉAGIR DANS LE CONTRÔLE

Ainsi, en salle de presse, Deschamps est rarement dans la spontanéité, mais davantage dans le contrôle et dans l'anticipation des événements, tout en sachant que la portée de ses propos a évolué depuis sa carrière de joueur. Les temps ont bien changé depuis l'arrivée de Lord Twitter, Sir Instagram et autres TikTok. Cependant, conscient qu'il est aussi nécessaire de conserver une entente cordiale avec la presse – afin de maintenir une ambiance positive autour de son groupe –, Deschamps n'en demeure pas moins un bon communicant, capable de se prendre au jeu des questions-réponses : « J'ai dû naître muet, depuis, je me suis bien rattrapé », expliquait-il en 2018. Par exemple, lorsqu'il se fait taquiner par un journaliste sur le plateau de *C à vous*, Deschamps se prend volontiers au jeu – mais reste fidèle à lui-même. Il n'oublie pas de préciser avec humour : « Cela ne m'énerve pas, c'est factuel… Mais après, il y a la chute, attends, j'ai un petit dossier sur toi… »

« J'ai dû naître muet, depuis, je me suis bien rattrapé. »
Didier Deschamps

Pour Didier Deschamps, donc, se présenter en salle de presse revient à manier l'art de l'esquive, tout en sachant donner un minimum de matière et d'informations aux journalistes. Accepter d'être très simpliste, voire afficher parfois une certaine forme de candeur, afin de pouvoir maîtriser au mieux les événements●. Si son interlocuteur l'y contraint, alors Deschamps feindra de ne pas avoir compris la question posée, avant d'embrayer sur un dialogue plus frontal, pour pousser son interlocuteur à être plus direct : « Je ne sais pas où vous voulez aller avec votre question » ; « Libre à vous d'ouvrir les débats que vous voulez… » ; « Je vous laisse l'initiative de faire votre propre analyse » ; ou encore : « Si vous pensez que c'est ce qu'il y a de mieux… » Ensuite, fidèle à son image de joueur besogneux sur le terrain, « DD » reste prêt à bondir en cas de nécessité : « Demande-moi directement si je vais le faire jouer ou pas, comme ça c'est plus clair. » Traduction : allons à l'essentiel, au lieu de tourner autour du pot comme certains journalistes aiment parfois le faire afin d'obtenir une réponse à une question audacieuse. Ou alors Deschamps refusera simplement d'y répondre. Parce que rien ne l'y contraint. C'est le luxe d'être à son poste●●.

● Dans un autre registre, l'ancien chanteur des Doors, Jim Morrison, dirait que « celui qui contrôle les médias contrôle les esprits ».

●● L'écrivain Jonathan Kozol expliquait : « Choisissez des batailles suffisamment importantes pour compter, suffisamment petites pour pouvoir être remportées. »

Pour autant, cela n'empêche pas Deschamps de répondre parfois à des questions dites extrasportives, en affichant clairement sa position pour éviter tout malentendu à même d'engendrer des suppositions sur ce qu'il pense réellement. Au mois de janvier 2023, interrogé sur l'affaire Pogba, mais surtout sur la possible utilisation du maraboutage dans le monde du football, le Basque avait expliqué : « Je vis sur la même planète que vous… C'est quelque chose qui est présent depuis… je ne sais pas, je n'étais pas né, certainement. Après, chacun a cette liberté de croyance. Moi, cela ne me pose pas de problème. Je ne suis pas là pour juger. Si cela permet à certains de mieux de se sentir psychologiquement ou autre… Cela fait partie de l'environnement du sport. »

Mais quand il en ressent le besoin, Deschamps recadre immédiatement les débats. En 2014, à la sortie du Mondial au Brésil, interrogé sur un éventuel manque d'attachement de son attaquant, Karim Benzema, au maillot tricolore, le Basque va dégainer aussitôt : « Karim est quelqu'un de très respectueux, qui a des valeurs et qui s'est toujours comporté comme un grand professionnel. L'image qu'il peut retranscrire lui fait mal par moments parce qu'elle est injuste. Ce n'est pas la réalité. On a toujours eu besoin de Karim et on aura toujours besoin de lui, parce qu'il s'agit d'un grand joueur. C'est notre leader d'attaque. » L'ancien entraîneur de l'AS Monaco ajoute : « Il n'y a pas de malaise... On veut toujours créer un malaise avec lui ! Il y en a plein d'autres qui ne l'ont pas chantée [*La Marseillaise*], il faut arrêter avec ça. C'est quoi, le principe ? Le mec qui ne chante pas *La Marseillaise*, je ne le sélectionne pas, il ne joue pas en équipe de France ? Il faut regarder un peu les autres matchs, les autres pays, il faut regarder la télé un peu, ils ne chantent pas tous non plus, ailleurs. Je l'ai toujours dit : de quel droit irais-je imposer à un joueur de chanter *La Marseillaise* ? Ce n'est pas mon job. Moi, ce qui m'importe, c'est que le joueur soit prêt au moment d'entrer sur le terrain pour livrer bataille, qu'il soit irréprochable au niveau de son état d'esprit. Point. » Sur ce sujet – relativement propice à la polémique sur le territoire national –, comme l'expliquait Noël Le Graët en 2014, aucune règle particulière n'est imposée aux joueurs : « Ce qui prime, c'est le respect de *La Marseillaise*. Or, ce respect peut aussi bien s'exprimer en chantant qu'en se taisant. Mais donner des consignes aux joueurs pour les forcer à chanter leur hymne, cela ne m'intéresse pas. » Surtout, ce serait aller à l'encontre de la philosophie prônée par son sélectionneur, qui tend davantage à responsabiliser son groupe plutôt qu'à réprimander à l'avance une éventuelle faute commise.

PARLER SANS SE COMPROMETTRE NI COMPROMETTRE LE GROUPE

« Aujourd'hui, chaque mot peut avoir des conséquences très importantes. »
Didier Deschamps

En 2022, pour *Le Figaro*●, le journaliste Dorian Grelier expliquait : « Contrairement à certains de ses prédécesseurs, Deschamps n'a pas le sens de la formule. » En vérité, respecté pour sa retenue dans ses propos publics, selon Thierry Braillard, l'ancien secrétaire d'État chargé des Sports (de 2014 à 2017), « DD » est surtout conscient qu'on ne gagne pas un match en salle de presse et qu'on y laisse parfois plus d'énergie qu'autre chose. Il le sait et l'a exprimé en 2019 : « Aujourd'hui, chaque mot peut avoir des conséquences très importantes. [...] C'est pour cela

● Voir : *Savez-vous parler le Didier Deschamps ?* par Dorian Grelier (LeFigaro.fr)

qu'il faut faire très attention à la maîtrise. D'un autre côté, je ne vais pas dire que je le subis, mais l'environnement médiatique sportif va dans cet excès-là où l'on va dans tout ce qui est le plus agressif et le plus violent. » Alors, sous couvert d'antiphrases ou d'un brin d'humour[1], le Basque cherche à s'échapper dès qu'il le peut, parce que « dans le foot, si on l'ouvre trop, on en prend plein la gueule ». S'il accepte volontiers de laisser la balle à l'équipe adverse sur le terrain, surnommé « l'ancien » par Thierry Henry au regard de son expérience, Deschamps reste donc focalisé sur un contrôle permanent de ses propos face à la presse. Même si cela peut l'amener à recevoir les foudres de certains de ses anciens coéquipiers… En 2023, à la sortie du Mondial, à la suite des nombreuses polémiques entourant le président de la FFF, Noël Le Graët, Christophe Dugarry expliquait au micro de RMC : « Je ne comprends pas le silence de Deschamps. On a l'impression qu'il a choisi un peu son camp, c'est la fédé, c'est son président, c'est son travail. » En l'occurrence, l'ancien joueur des Girondins de Bordeaux a parfaitement compris la situation. Il a fait le choix de ne pas mettre en péril sa propre place, quitte à être en contact avec un individu au comportement condamnable. Que ce soit dans le monde de l'entreprise ou celui du sport, c'est la loi des enjeux politiques : « Un ministre, ça démissionne ou ça ferme sa gueule. »

En définitive, chez l'actuel sélectionneur tricolore, l'essentiel, ce sont toujours les trois points. Ainsi, quand d'autres entraîneurs comme José Mourinho s'amusent en conférence de presse, adressant des messages à la Terre entière – et peut-être même au jardinier du club –, Deschamps devient l'illusionniste, celui qui fait croire qu'il répond à une question alors qu'il n'y répond pas. Malgré cela, lorsqu'il est contraint de répondre à la polémique sur le déroulement de la Coupe du monde 2022, Deschamps ne s'échappe pas pour autant, tout en protégeant ses joueurs au passage : « Il ne faut pas demander à des sportifs de jouer un rôle qui n'est pas le leur, avec une utilisation qui n'est pas sportive. Ce n'est pas pour autant qu'ils sont déconnectés de la réalité. » Surtout, le Basque n'oublie pas de rappeler une donnée importante : « À notre niveau, on va faire ce qu'on peut faire, mais on a des directives [de la FIFA]. » Puis,

« Il ne faut pas demander à des sportifs de jouer un rôle qui n'est pas le leur. »

Didier Deschamps

face au journaliste qui l'interroge, Deschamps rappelle : « Vous étiez au Brésil, non ? Vous avez vu les beaux stades qu'on avait ? Je pense que vous avez vu aussi ce qu'il y avait à 200, 300 mètres des stades. Est-ce normal ? » Ici, Deschamps fait directement référence aux conditions de vie des ouvriers, en ne s'arrêtant pas uniquement sur le Qatar. Durant l'année 2019, interrogé sur la lutte contre l'homophobie dans les stades, le Basque expliquait : « Je suis désolé, ce n'est pas l'homophobie [uniquement], ce sont les discriminations. Pourquoi ressortir l'homophobie plutôt qu'une autre ? Ou le racisme ? C'est toutes les discriminations, quelles qu'elles soient. [...] Après, c'est mettre un curseur et dire : "Oui, mais cette discrimination-là est plus importante ou moins importante." »

En 2013, Bernard Pascuito expliquait dans *La Face cachée de Didier Deschamps* : « De son enfance, Didier Deschamps a conservé le goût de la nature, de l'effort physique, et il a appris à se taire, rien qu'en regardant son père. C'est sans doute pour cela qu'aujourd'hui encore, lorsqu'il a décidé de ne pas répondre à une question, il parle mais ne dit rien. » Avec autant d'expérience en salle de presse, Deschamps a retenu la leçon délivrée par l'un des philosophes les plus réputés du football : « Quand les mouettes suivent un chalutier, c'est qu'elles pensent qu'on va leur jeter des sardines. » En conséquence, mieux vaut prendre le large dès qu'on peut... En 2018, le présentateur du Canal Football Club, Hervé Mathoux, expliquait : « Il [Deschamps] a compris qu'il fallait donner un petit peu à manger quand même [aux médias, ou aux mouettes]. C'est-à-dire qu'on ne lui fera pas dire ce qu'il ne veut pas dire, mais il sait que, pour que cela s'arrête, il faut qu'il donne deux ou trois choses. Donc, il est assez intelligent pour anticiper les deux ou trois choses qu'il peut lâcher, sans qu'elles soient énormes. »

ÊTRE DANS L'AIR DE SON TEMPS

Pour ce qui est de l'utilisation des réseaux sociaux, l'un des grands sujets de notre époque, Didier Deschamps est sur la même longueur d'onde que son homologue José Mourinho, vainqueur de la Ligue des champions en 2004 face au Basque, avec le FC Porto. Deschamps expliquait en 2019 : « Je ne me bats pas contre ça, ça fait partie de la vie, même si, moi, personnellement, je n'y suis pas et je n'y serai pas. Parce que je n'ai pas d'intérêt – je n'ai pas de plaisir – à y être ou à partager, mais c'est une question de génération, aussi. Les jeunes d'aujourd'hui essaient de montrer ce qu'ils font, avec qui ils sont, où ils sont. Moi, je préfère ne pas faire savoir où je suis, avec qui je suis… Voilà, c'est le monde d'aujourd'hui. Je ne vais pas lutter contre ça, cela fait partie de la vie médiatique. » Ainsi « Didier n'interdit rien », témoigne son adjoint, Guy Stéphan, « mais il met en garde sur le fait que les conséquences peuvent être grandes après un seul message publié. Il attire leur attention sur une photo, un avis qu'ils peuvent donner. » Au menu, une seule vraie règle, celle de faire attention au contenu. Ainsi, les joueurs sont mis en garde sur la portée éventuel-

> ***« Didier n'interdit rien, mais il met en garde sur le fait que les conséquences peuvent être grandes. »***
> **Guy Stéphan**

Si, au premier abord, la diffusion d'images de cet acabit peut paraître anodine, un autre sport nous permet de mettre en lumière la nécessité de devoir faire attention à la portée de ses actions. Au mois de mars 2023, en marge de l'UFC 285, le combattant Ciryl Gane est filmé lors d'une partie de FIFA entre amis à quelques jours de son combat pour le titre dans la catégorie des poids lourds, à Las Vegas. Pour son adversaire, Jon Jones, cela sera interprété comme un manque de respect : « J'ai entendu parler de ça. J'ai entendu dire que l'équipe de foot e-sport de Ciryl Gane est parmi les soixante meilleures au monde... Moi, je suis assis ici et concentré sur le combat pendant qu'il joue aux jeux vidéo. Qu'il soit prêt ou pas, je serai sans pitié. Il essaie d'enlever la nourriture sur la table de ma famille, il veut ruiner ma légende. Je prends ça personnellement. » Le champion le plus titré de l'histoire du MMA ajoute : « Ils s'en foutent de gagner ou de perdre, ils sont juste contents d'être là. Son entraîneur porte un p***in de costume pour une interview. Mes coachs

lement négative d'une photo au bord d'une piscine ou d'un endroit qui pourrait laisser à penser que les Bleus sont en vacances, et non au travail. Au final, le sélectionneur veut surtout que son groupe dégage une image de concentration sur l'objectif commun. Au mois de juillet 2023, Hugo Lloris racontait : « Je suis sur Instagram, pas sur le reste, c'est déjà bien comme ça. Je gère comme j'ai envie. Mais attention, il ne faut pas s'attendre à voir des choses fracassantes sur mon compte. » Dans le cas inverse, « DD » veille… De la liberté, oui, des excès, non. Ainsi, comme le précise Guy Stéphan : « Il n'y a pas de portable à table, ni dans le vestiaire lors des entraînements ou avant les matchs. » En conséquence, cela donne donc au moins une seconde règle à suivre…, mais toujours en replaçant les joueurs en face de leurs responsabilités au préalable : « Je ne suis pas là avec un joystick pour télécommander les joueurs. » Malin, mais aussi ouvert au changement, Deschamps sait vivre avec son temps [2]. Ainsi, à propos de la nouvelle génération – parfois très critiquée par les observateurs du football français, Deschamps s'exprime en ces termes : « Ils sont comme ils sont, avec des centres d'intérêt différents, des modes de fonctionnement différents, mais pourquoi ne voir que le côté négatif ? Elle a aussi beaucoup, beaucoup de qualités, cette jeune génération, que n'avaient peut-être pas la mienne et celle d'avant. Aujourd'hui, ils veulent tout, tout de suite. Ils ont cette faculté, s'il y a besoin de partir, d'aller à l'étranger jeune, il n'y a pas de soucis. Avant, […] on

« Interdire, c'est impossible pour moi. Je ne me voyais pas interdire, parce que c'est enlever une liberté. »
Didier Deschamps

était quand même plus réticents. Ils ont une énorme confiance en eux. » Toujours durant l'année 2019, Deschamps expliquait : « Interdire, c'est impossible pour moi. Je ne me voyais pas interdire [l'utilisation des réseaux sociaux], parce que c'est enlever une liberté. Ils [les joueurs] ont cette liberté-là. Après, le plus important, c'est de pouvoir cadrer pour qu'ils ne se mettent pas en difficulté et qu'ils ne mettent pas le groupe en difficulté, ce que représente l'équipe de France, la Fédération et ce maillot bleu-blanc-rouge. » En fin de compte, Deschamps n'est pas dans la politique du « c'était mieux avant »[3].

Au-delà de l'aspect technico-tactique si cher à Didier Deschamps, comprendre son groupe sur la durée au fil des époques constitue l'un des enjeux

n'ont même pas pris de douche aujourd'hui. » Si la « réalité » ne se reflète pas toujours à travers une image, ou une vidéo, il faut faire attention à l'interprétation que peut en faire son adversaire. Pour Jones, il s'agira d'un élan de motivation supplémentaire, avec une réputation de nonchalance pour Gane et son staff. Résultat final : deux minutes en apesanteur pour Gane. Et une nouvelle ceinture pour l'Américain.

« Même dans le scénario le pire, c'est-à-dire qu'ils marquent rapidement, rien n'est fini. Y croire jusqu'au bout. Ça ne change rien. Marquer des buts… Vous en marquerez. Vous en êtes capables. Bien défendre, vous en êtes capables aussi. Tout peut arriver. Et si on doit marquer le dernier à la quatre-vingt-douzième minute, on le marquera à la quatre-vingt-douzième. Mais le tout c'est d'y croire. Quoi qu'il arrive. Et peu importe qui il y a en face. »

Didier Deschamps

majeurs pour n'importe quel manager. Encore plus au regard de la vitesse à laquelle les nouvelles technologies s'insèrent dans notre quotidien. « C'est un gars qui ne cultive pas la nostalgie », éclaire Philippe Tournon, ancien chef de presse de l'équipe de France, « qui ne se pose pas de questions. Il mène sa réflexion et il avance. » Ensuite, « DD » sait que les nombreux selfies postés durant les grandes compétitions témoignent de la bonne ambiance au sein du groupe[4]. C'est une donnée qui permet d'augmenter le capital sympathie des joueurs auprès du public, et donc d'obtenir un élan populaire[5] nécessaire.

L'ART DE LA CAUSERIE

Cinq ou six minutes. Sept, huit, peut-être un peu plus. Mais on ne s'éternise jamais durant une causerie. Les instants qui précèdent une rencontre sont déterminants. Et ici, une nouvelle fois, il n'y a aucune règle précise pour subjuguer ses joueurs. Il faut savoir s'adapter aux circonstances de l'événement et faire en sorte d'appréhender le mieux possible les besoins de son groupe. Tout est une question de contexte : « Parfois, il faut savoir jouer sur le facteur émotionnel●, précise Deschamps. Dans d'autres cas, il faudra plutôt dédramatiser les événements. » Spécialiste du genre, le Basque adore les causeries parce qu'il s'agit pour lui d'un moment important durant lequel l'autonomie de son groupe est restreinte. Par conséquent, un instant que le Basque limite à une durée de cinq à six minutes pour motiver son groupe et lui donner des clés avant la rencontre. « Si on fait de notre adversaire la meilleure équipe du monde, le doute peut alors s'emparer du groupe, précise Hervé Renard. Il faut donc être très succinct, dire des choses importantes, mais sans trop en faire. J'utilise un appui vidéo, quelques mots-clés, mais cela ne dure jamais trop

● D'après Nicolas Waquet, poète, traducteur et préfacier : « Il ne peut y avoir de discours sans que l'orateur procède à cinq opérations : il doit trouver les arguments (*inventio*), les agencer (*dispositio*), mettre en forme le discours avec l'ornement des mots et des figures, ce que nous appelons aujourd'hui le "style" (*elocutio*), débiter le discours avec des gestes et une diction étudiés (*actio*), et recourir à la mémoire (*memoria*). »

longtemps. » Ensuite, il faut garder en tête qu'on ne peut pas motiver une équipe tout au long de la saison et qu'un climat serein permettra de développer de l'assurance chez ses joueurs. Après tout, le lapin blanc ne sort qu'une seule fois du chapeau. « Tu n'inventes pas une causerie cinquante fois dans la saison, sinon tu te couvres de ridicule auprès de tes joueurs, explique Jocelyn Gourvennec. Il faut réussir à se renouveler, mais sans faire n'importe quoi. »

« Dans le management, on ne peut jamais dire : "Moi, je sais." En revanche, on peut dire : "Je sais ce qu'il ne faut pas faire." »
Didier Deschamps

En 2014, interrogé sur sa méthode, Deschamps répondait : « Je ne peux pas vraiment dire que j'ai des techniques particulières. Vous savez, dans le management, on ne peut jamais dire : "Moi, je sais." En revanche, on peut dire : "Je sais ce qu'il ne faut pas faire." J'utilise ma carrière de joueur pour moi, sans m'en servir face aux joueurs. Je puise dans mon vécu de joueur, d'entraîneur. Les situations peuvent se répéter, jamais de façon identique puisque le contexte change. Mais la répétition de la même situation t'amène à éviter de commettre des erreurs. Mon travail et celui de mon staff, c'est d'avoir un discours au quotidien qui permette de convaincre les joueurs. C'est plus facile de pouvoir démarrer la rencontre dans ces conditions. » Malgré cette absence de « techniques particulières », généralement, « DD » laisse une ou deux minutes de repos à ses joueurs à la mi-temps pour souffler, avant de prendre la parole face à son groupe.

SE REPOSER SUR SES LEADERS

En 2022, lors du Mondial au Qatar, c'est désormais à Kylian Mbappé d'assumer son statut de nouveau leader, en prenant la parole le premier[6] : « C'est une finale de Coupe du monde, c'est le match d'une vie, on ne peut pas faire pire… Alors, qu'est-ce qu'on va faire ? On retourne sur le terrain, soit on les laisse faire, soit on met un peu d'intensité et on entre dans les duels. Il faut faire autre chose, les gars ! C'est une finale de Coupe du monde. C'est fait, on est menés de deux buts, mais on peut revenir. Les gars, c'est tous les quatre ans. » Que ce soit sur le terrain ou au contact de ses coéquipiers, le natif de Bondy devient ainsi le parfait relais de son entraîneur[7]. Ensuite, au gré de leur expérience, les « vieux grognards »[8] divulguent leurs bonnes paroles. Depuis son arrivée à la tête de l'équipe de France, Deschamps s'est toujours appuyé sur des capitaines avec le profil de joueurs dits « calmes », comme Hugo Lloris et Raphaël Varane. Ensuite, à l'image de cette prise de parole de

> *« Le leadership, c'est quelque chose qui ne s'impose pas à toi. Tu l'as ou tu ne l'as pas. Tu ne le prends pas, on te le donne. »*
> **Diego Simeone, entraîneur de l'Atlético Madrid**

Mbappé, « DD » sait qu'il peut compter sur plusieurs relais au sein de son vestiaire, sans pour autant que les joueurs aient besoin du brassard pour s'exprimer [9]. Ancien gardien de l'OM et capitaine de Deschamps durant cette période, Mandanda [10] reprend : « On perd 2-0, c'est fait, mais il faut entrer sur le terrain avec un autre état d'esprit ! Ce n'est pas possible de faire ça. C'est une finale, merde ! » Plus rare, Antoine Griezmann se fera également entendre en encourageant ses coéquipiers. Après avoir laissé son groupe souffler puis échanger quelques instants, le Basque amorce son discours : « Il faut plus de justesse dans les passes, plus de justesse dans les choix. Vous n'êtes pas compacts. Soyez plus proches les uns des autres. Vous n'y êtes pas, les gars ! Vous n'êtes sur aucun second ballon. Les gars, je vais vous le dire sans m'énerver : vous savez la différence entre nous et eux ? C'est qu'eux jouent une putain de finale ! Alors que nous, on ne la joue pas ! » Du Deschamps dans le texte.

> ***« J'essaie de rester calme au maximum, de rester lucide en toutes circonstances. »***
> **Didier Deschamps**

Ensuite, depuis le bord de la touche : « J'essaie de rester calme au maximum, de rester lucide en toutes circonstances. C'est important parce que tout sentiment – qu'il soit positif ou négatif – est très communicatif pour les joueurs sur le terrain. Ils le ressentent. » En conséquence : « Il ne faut donc pas que je sois un excité au bord de la touche. Après, je peux m'énerver, je ne suis pas passif non plus. Je vis pleinement le match, mais je fais en sorte de prendre sur moi tout en prenant du recul par rapport aux événements, je suis surtout en perpétuelle réflexion. » D'ailleurs, d'après Olivier Giroud, « Didier excelle dans la manière de dédramatiser l'événement ». Et souvenez-vous : le football est dans la tête avant d'être dans les jambes.

FAIRE DES CHOIX ET GÉRER LES DÉCEPTIONS

À la suite du Mondial au Qatar, c'est un sujet épineux qui va permettre à Didier Deschamps d'amorcer un nouveau cycle à la tête de l'équipe de France. Si la position de sélectionneur, ou bien celle d'entraîneur, se résume parfois à faire de la politique, alors le choix du chef de parti constitue un élément déterminant sur le chemin vers la victoire. Joueur le plus capé de l'histoire de l'équipe de France avec cent quarante-cinq matchs disputés au total, dont cent vingt et un dans la peau du capitaine, un record, Hugo Lloris va finalement raccrocher les crampons après quatorze années sous le maillot tricolore. Alors qu'une majorité des supporters s'attendait à voir Antoine Griezmann hériter du brassard [11], c'est finalement Kylian Mbappé qui va être choisi par Didier Deschamps. Un choix qui, par définition, comme n'importe quel autre choix, peut avoir des conséquences importantes sur la vie de groupe. Parce qu'être un leader depuis la position haute de la pyramide [12] cela revient parfois à donner à l'un quand on prend à l'autre. En somme, faire des déçus et assumer ce qu'on appelle généralement le poids du commandement.

Ainsi, au lendemain de l'anniversaire d'Antoine Griezmann (le 22 mars 2023), en prenant le temps de relativiser la tournure des événements, « DD » justifiera son choix au micro de France 3 : « Il savait très bien qu'il avait la possibilité de l'être [capitaine], j'ai échangé avec lui, mais malgré tout ce n'est pas donner à Kylian et enlever à Antoine. » En vérité, cela revient bel et bien à « enlever » quelque chose au joueur de l'Atlético Madrid, mais il faut bien faire de la politique pour apaiser les éventuelles tensions naissantes entre les deux héritiers potentiels : « Antoine, il a quelque chose en plus aussi, il a toujours été un joueur très important, je lui ai toujours maintenu ma confiance, même pendant des périodes beaucoup plus difficiles pour lui. Antoine, avec ce qu'il fait sur le terrain, est un fédérateur dans le sens moteur. Il l'était, et il le restera à l'avenir. » Le public est conquis. Désormais, reste à connaître la fameuse « vérité du terrain » – et celle relative au quotidien de la vie de groupe.

> ***« Outre le fait qu'il soit né sous une bonne étoile, il y a aussi l'aspect mental… Il tient le bon discours. C'est un bon meneur d'hommes, il fait régner une bonne ambiance dans son groupe de joueurs. Son âme de compétiteur ressort à travers les performances de son équipe. C'est un grand visionnaire du jeu adverse. Il arrive à trouver la moindre faille. Quand tu sens que le match sera difficile, il te semble moins dur après une causerie avec lui. »***
>
> **Jérôme Rothen**

Pour le premier rassemblement post-Mondial, en marge des éliminatoires pour l'Euro 2024, du haut de ses soixante-six sélections pour trente-trois buts inscrits – soit le joueur le plus précoce de son pays –, Mbappé devient ainsi le nouveau capitaine de l'équipe de France. En bon compagnon de route, et surtout en bon communiquant, l'attaquant du PSG va envoyer un signal fort à son coéquipier, mais aussi à destination de tout le groupe tricolore : « J'ai parlé avec Antoine parce qu'il était déçu, et c'est normal. Franchement, c'est compréhensible, c'est une réaction qui s'entend. Je lui ai dit qu'à sa place j'aurais peut-être eu la même. Il a 32 ans, il a passé dix ans en équipe de France, il a été l'un ou peut-être LE joueur le plus important de l'ère Didier Deschamps, c'est donc normal qu'il ait cette déception. Je suis capitaine et lui vice-capitaine, mais je ne suis pas son supérieur hiérarchique. Il a une expérience en équipe de France que je n'ai pas. Il est arrivé avant moi, j'étais au centre de formation et il était déjà là. C'est quelqu'un d'estimé et d'aimé de tout le groupe, ce serait vraiment dommage de ne pas bénéficier de son expérience et de sa joie de vivre. » Mbappé le sait aussi bien que son sélectionneur, c'est ensemble qu'ils gagneront à nouveau. Le nouveau capitaine ajoute : « Je pense que je serai un capitaine tourné vers les autres, qui n'a pas une grande expérience du capitanat, mais je sais qu'il y a des joueurs importants dans l'équipe et je n'ai pas envie de décider, d'imposer. J'ai envie d'ouvrir aux autres la possibilité de s'exprimer. Je pense que l'on est un groupe uni, on a montré lors de nos grandes performances que lorsque l'on était tous ensemble et que chacun avait sa place, on était capables de faire de grandes choses. Ce serait une erreur de bouleverser tout cela. » Et, au sujet du leadership collectif : « Il ne faut fermer cette porte à personne, chacun est libre de s'exprimer dans ce groupe. C'est ça, l'équipe de France, elle n'appartient à personne. » À peu de chose près, on croirait presque entendre Didier Deschamps lorsqu'il arborait fièrement le brassard de capitaine.

À la veille de retrouver les Pays-Bas, au Stade de France, dans le cadre des qualifications pour l'Euro 2024, le sélectionneur tricolore va préciser : « J'ai eu des discussions, je ne vais pas rentrer dans les détails. Je peux vous assurer qu'Antoine, depuis lundi, est très souriant. On a fêté son anniversaire. Qu'il ait eu de la déception sur le moment, elle est légitime. Mais ça s'est arrêté là. De ce que je vois, chacun a le même objectif par rapport au groupe. » Relancé sur le sujet du capitanat, Deschamps rappelle que Griezmann est vice-capitaine et qu'il conserve un rôle important, qu'il a toujours eu. « Il est là depuis le départ, avec des périodes moins heureuses pour lui, où il a passé des moments moins agréables. Il est rayonnant, resplendissant, que ce soit à travers les séances ou dans la vie de groupe. Il n'y a pas le moindre souci là-dessus. » Après les justifications sur son choix, place à la réalité du terrain. Sur une passe de Kylian Mbappé dès la deuxième minute de jeu, Griezmann ouvre le score et est presque passeur ensuite sur le second but des Bleus, inscrit par Dayot Upamecano, à la huitième minute de jeu. Ovationné à sa sortie, le joueur de l'Atlético Madrid réalisait ainsi la soirée parfaite pour balayer toute polémique. « Heureusement que je ne sais pas ce qu'il se dit et s'écrit », précisera Deschamps

Comme l'expliquait avec justesse le poète français Pierre Corneille (1606-1684), « aux âmes bien nées, la valeur n'attend point le nombre des années ».

à la sortie du match, remporté 4-0 par l'équipe de France. « Les deux s'entendent bien, ils fonctionnent bien et ils ont le même objectif de voir l'équipe de France performante. La déception d'Antoine a duré deux minutes. » En fin de compte, la vie d'un entraîneur devient plus facile avec des joueurs d'un tel niveau, capables de vite passer à autre chose.

Il faut dire qu'en tant premier capitaine vainqueur d'une Coupe d'Europe avec l'OM, en 1993, puis premier capitaine français à devenir champion du monde en 1998, Didier Deschamps en connaît quelque chose sur le leadership. « Je suis le lien entre la nouvelle génération et l'ancienne », explique Kylian Mbappé, lucide sur cet honneur accordé par son sélectionneur, mais aussi sur ses nouvelles responsabilités. D'après Deschamps, il y a trois critères importants pour pouvoir assumer le rôle de capitaine : le leadership technique, le leadership mental et le leadership par rapport à l'état d'esprit. À savoir : parvenir à être disponible pour les autres, là où les enjeux individuels peuvent parfois prendre le dessus sur l'intérêt collectif. Surtout, en misant sur l'attaquant du PSG, « DD » favorise l'avenir, en faisant preuve une nouvelle fois d'une forme de pragmatisme malgré la jeunesse de son nouveau capitaine (24 ans au moment d'hériter du brassard[13]). Après tout, Deschamps le clame souvent : « Ce qui m'intéresse, c'est aujourd'hui, et surtout demain[14]. »

Face à l'Irlande, trois jours après la victoire acquise contre les Pays-Bas, l'unique but de la rencontre – inscrit par le latéral des Bleus, Benjamin Pavard – permettra au sélectionneur tricolore de réintégrer avec réussite celui qui avait été mis sur le banc à la suite de sa contre-performance contre l'Australie en match d'ouverture de la Coupe du monde au Qatar. En somme, en vue de l'Euro 2024, avec un choix des hommes cohérent : « le groupe vivait bien ».

L'EXPÉRIENCE VENUE DE SA CARRIÈRE D'ENTRAÎNEUR EN CLUB

Lors de la saison 2003-2004, la crédibilité de meneur d'hommes du sélectionneur tricolore avait été mise à rude épreuve. Vaincu à l'aller par le Real Madrid (4-2), au Santiago Bernabéu, l'AS Monaco est contraint de créer l'exploit pour s'offrir son billet pour le carré final de la Ligue des champions. « C'était une situation vraiment particulière, un contexte particulier. Tout le monde nous voyait éliminés. À ce moment-là, l'entraîneur a vraiment une influence dans le management en prévoyant ce qui peut se passer, les divers scénarios possibles. Il faut savoir ensuite le présenter du mieux possible aux joueurs. Le Real Madrid venait avec une armada de grands joueurs qui, inconsciemment ou consciemment, se sentaient déjà qualifiés. Il fallait donc jouer sur ce facteur. Forcément, ils n'étaient pas prêts à livrer une dure bataille. Tout dépendait de nous, ensuite, de notre capacité à livrer bataille, justement. Quand on n'est pas prêt mentalement avant une rencontre, il devient difficile de pouvoir inverser la tendance. »

Durant sa causerie d'avant-match, le Basque s'attelle à écarter une image instaurée préalablement par l'un de ses joueurs dans la tête de son groupe (« Si on prend un but, on est morts ») et axe principalement son discours sur la recherche d'efficacité de la première jusqu'à la dernière minute, parce qu'il « fallait y croire jusqu'au bout, même si le

Real Madrid marquait ». Tel le metteur en scène qui peaufinerait délicatement son œuvre [15], Deschamps évite ainsi à ses joueurs d'entamer la rencontre avec un scénario négatif en tête. Un choix avisé puisque, dès la trente-cinquième minute de jeu, c'est bien le Real Madrid qui ouvre le score par l'intermédiaire de son attaquant Raúl. Est-ce que les mots prononcés par l'entraîneur monégasque ont permis d'éviter le doute après ce coup de tonnerre ? La voix de saint Didier résonnait-elle encore ? Difficile à dire. Il y a des choses qui ne s'expliquent pas en football et qui pourraient donner des airs mystiques à certaines rencontres [16]. « Quand tout le monde est en osmose, là, tu deviens très utile au moment de la causerie », développe Frédéric Hantz, ancien entraîneur de Montpellier. « Tu le ressens dans le regard des joueurs, dans leurs attitudes. Mais si t'essaies de faire passer un match qui n'est pas clé pour un match qui l'est, tu peux perdre ton groupe pour le reste de la saison. Et, à l'inverse, si tu manques la rencontre capitale, tu peux aussi perdre ton groupe. J'ai le souvenir d'avoir fait des causeries sur des matchs qui me semblaient hyperimportants, les joueurs ne le voyaient pas ainsi et n'étaient pas réceptifs. C'est une frustration énorme, mais c'est une réalité. »

« Sérénité, calme et concentration. »
Didier Deschamps

Pour Monaco, la frustration ne sera pas au rendez-vous. Après un doublé de Ludovic Giuly (quarante-cinquième et soixante-sixième minutes) et un but de Fernando Morientes (quarante-huitième minute), l'ASM transforme finalement l'impossible en réalité en éliminant le Real Madrid. Et Deschamps renforce sa légende. En 2018, avant d'affronter la Croatie en finale, « DD » avait rappelé les trois mots essentiels : « Sérénité, calme et concentration. »

« Avant de sortir du vestiaire, je leur ai dit deux choses. Un : ils seront champions du monde à vie. À vie. Et ils seront toujours liés par ça, quoi qu'il advienne par la suite. Deux : ils ne seront plus jamais les mêmes. Je suis désolé pour eux [on sent alors Deschamps au bord des larmes *nda*] mais c'est ainsi : ils peuvent gagner tous les titres qu'ils veulent, la Ligue des champions dix fois, mais c'est ce soir [dimanche *nda*] que ça a basculé pour eux et cette bascule est définitive. Parce qu'il n'y a rien au-dessus d'un titre de champion du monde. Rien. »

« Tous les titres sont beaux, c'est difficile de les gagner. C'est le sixième en trois ans, ce n'est pas rien. Ça fait une moyenne de deux par saison, pour un club qui n'en avait pas gagné depuis 17 ans. Il y a de quoi être fier. Le mérite en revient en premier lieu aux joueurs. Je voudrais associer mon staff technique et le staff médical. C'est une grande fierté pour moi. Ça ne changera rien à l'analyse car on fait une saison qui n'est pas bonne en championnat, mais on gagne encore un titre.

Et ça, personne ne pourra nous l'enlever et me l'enlever.

Pas même mes pires ennemis. »

Page 119 ▸ 1. Durant le Mondial en Russie, lorsqu'un membre de la sécurité cherche à lui interdire l'accès à la pelouse du stade (en raison de l'oubli de son badge), le Basque dégaine immédiatement : « Il est sérieux, lui ? Hein ? Il est *serious* ? Je vais lui mettre un tacle, il va partir en chaise roulante ! »

Page 122 ▸ 2. Au sujet de Sir Alex Ferguson, Éric Cantona expliquait : « C'est une sorte de génie. Il a presque 70 ans, et il entraîne des joueurs qui ont 18 ans, qui vivent dans un autre monde. Et il arrive à les gérer et à obtenir 100 % d'eux. C'est fabuleux. »

Page 123 ▸ 3. Une pensée largement décousue par l'une des grandes sources d'inspiration de Pep Guardiola, Lucien Jerphagnon, à travers l'ouvrage du même nom, *C'était mieux avant...*

Page 124 ▸ 4. Principalement à l'approche d'un grand match (ou d'un grand événement), même si le « pouvoir de l'imagination » peut être intéressant en préparation mentale, le « pire » revient à vivre le match avant son déroulement ; à dérouler les scénarios potentiels dans sa tête à de trop nombreuses reprises. Pour éviter cela, il vaut mieux permettre à son groupe de s'oxygéner, d'être en mesure de s'ouvrir au monde plutôt qu'être dans un isolement néfaste à l'ambiance générale. Vainqueur du Mondial en 2006 avec l'Italie, Andrea Pirlo raconte : « Le jour de la finale de la Coupe du monde 2006, je ne ressentais pas de pression, je n'y pensais pas. Ce jour-là, j'ai passé l'après-midi à Berlin à faire la sieste et à jouer à la PlayStation. Le soir, je suis sorti et j'ai gagné la Coupe du monde. » En 1979, Nottingham Forest affronte le club de Malmö FF en finale de la Coupe d'Europe. Quelques minutes avant cette rencontre, Brian Clough, entraîneur mythique, remarque que son milieu offensif, Garry Birtles, est tendu avant de retrouver ses adversaires du jour. L'entraîneur des Reds demande alors à son joueur d'aller se raser afin d'évacuer la pression. Coup de génie ou coup de poker, les Anglais s'imposent (1-0) et le mythique duo Clough-Taylor soulève sa première C1 : « C'était ma première finale, j'étais très nerveux. Je ne me rasais jamais avant un match, mais Brian Clough est venu me voir et m'a envoyé me raser à l'étage. Il voulait juste me faire penser à autre chose. »

Page 124 ▸ 5. Sur la gestion d'un groupe durant une grande compétition, Deschamps a probablement retenu les bonnes leçons délivrées par Bernard Tapie, ancien président de l'Olympique de Marseille. Lors de la saison 1990-1991, le club olympien se hisse jusqu'en finale de la Coupe d'Europe, avec l'Étoile rouge de Belgrade comme dernier rempart avant l'accession au titre suprême. Comme choix de camp de base, le président marseillais va choisir un lieu aux allures quartier général militaire, empêchant les joueurs d'avoir un accès vers le monde extérieur. Deux saisons plus tard (saison 1992-1993), l'OM se retrouve à nouveau en finale face à l'AC Milan et Tapie change complètement de mode de fonctionnement : « Dans la préparation, c'était le Club Med », raconte Éric Di Meco, ancien défenseur de l'OM. « On avait tiré les enseignements de ce qui s'était passé deux ans auparavant. Donc, on s'était retrouvés dans un hôtel ouvert, on faisait des buffets dehors, il faisait beau, en plus. » Mieux encore : « On a déconné parce qu'une équipe de télé était présente [TF1, *nda*]. » En vérité, Bernard Tapie avait permis aux journalistes de tourner un reportage sur la finale à venir afin de permettre aux joueurs de vivre le match comme n'importe quel autre match. Deschamps éclaire : « On savait qu'on avait un grand match, mais le groupe vivait bien. [...] On n'était pas tous amis, différents, mais on était bien ensemble. » Des mots de l'ancien patron de l'OM : à l'approche d'un grand événement, les joueurs doivent être concentrés et décontractés ; et non déconcentrés et contractés.

Page 127 ▸ 6. Lors de la campagne de Russie, en 2018, Paul Pogba assumait parfaitement ce rôle de leader capable de subjuguer ses coéquipiers à travers son attitude, mais aussi ses mots, en faisant régulièrement écho aux propos de Mathieu Bodmer précédemment cités : « Ce sont les souvenirs qui créent une équipe. » Avant d'affronter la Belgique en demi-finale, le milieu de la Juventus Turin prend la parole : « On a trop attendu, on a trop cravaché. Je me rappelle quand on courait à Clairefontaine, on était derrière, on était au soleil. Et maintenant, ça paye. C'est aujourd'hui que ça doit payer. » Traduction : après avoir activé la « boîte à souvenirs », le moment est venu de concrétiser les efforts de tout un groupe. « On doit se rappeler tout ça. Quand on était là, fatigués, on était ensemble. [...] On est une famille, maintenant, on doit aller chercher cette coupe [du monde]. On a le stylo, il ne reste plus qu'à écrire sur le terrain. » Sur sa période aux côtés de Deschamps à l'AS Monaco et dans cette même idée de mémoire collective, Ludovic Giuly raconte : « On fait un stage en Bretagne et on discute comme ça, on finit de courir au bord de plage et il me dit : "Ludo, je crois que si on va tous à l'eau, on va faire une grande saison." Et là, on commence à se chauffer, à se mettre en slip, à y aller. Comme si, on était ensemble. [...] Didier m'a dit : "Là, cette année, on peut aller à la guerre. Parce que tout le monde est présent." Il a fait ça pour tester, pour voir qui serait avec lui, ou derrière lui. » En vérité, il s'agissait du meilleur procédé pour créer de « nouveaux souvenirs » et ainsi fédérer son groupe avec des références positives pouvant servir sur la durée.

Page 127 ▸ 7. Au sujet des prises de parole de Kylian Mbappé, l'ancien capitaine de l'équipe de France (à cinq reprises), Patrice Évra le clame haut et fort : « Kylian Mbappé, quand je le vois parler, il me fait rêver. » Forcément, cela représente un atout majeur pour épauler son entraîneur.

Page 127 ▸ 8. Au mois de janvier 2023, à la suite de l'annonce de sa retraite internationale (après cent quarante-cinq apparitions sous le maillot tricolore), Hugo Lloris expliquait : « J'ai grandi à travers la pudeur, c'est ce qui caractérise un peu notre famille », ajoutant au sujet du record de sélections obtenu par ses soins et détenu par Lilian Thuram précédemment : « Publiquement, je le gère différemment [sans jamais annoncer ses ambitions d'obtenir ce record au préalable, *nda*], parce qu'on ne sait jamais ce qui peut arriver. » En somme, un capitaine à l'image de son sélectionneur : parfois « taiseux » aux premiers abords, souvent discret et surtout dans la maîtrise des événements. Si selon la célèbre sacro-sainte maxime « une équipe ressemble à son entraîneur », cela démarre à partir du choix de ses leaders.

Page 128 ▸ 9. En 2018, avant de retrouver l'Argentine en huitième de finale, ce sera à Paul Pogba d'assumer ses responsabilités : « On veut voir des guerriers sur le terrain aujourd'hui. Ce soir, je rentre pas ! Demain, je veux pas rentrer, on reste encore à l'hôtel. On va encore bouffer ces putains de pâtes sautées. [...] Je veux qu'on fasse la fête, ce soir. Je veux qu'on soit morts sur le terrain. Personne ne lâche l'autre, personne se lâche, on est des bonshommes, des guerriers et des soldats. Aujourd'hui, on va les tuer, ces Argentins. Messi ou pas Messi, on s'en bat les... On vient pour gagner cette putain de Coupe du monde. Faut passer par là. » Le jour de la finale face à la Croatie, « la Pioche » mobilisera une nouvelle fois ses coéquipiers avant de rentrer sur la pelouse : « On a déjà perdu une finale [durant l'Euro 2016, en France], on le sait, on l'a encore ici, on l'a encore dans la tête. Aujourd'hui, on ne va pas laisser une autre équipe prendre ce qui est à nous. » Deux heures plus tard, la France rentrait à nouveau dans l'histoire.

Page 128 ▸ 10. Sur la présence de Steve Mandanda dans le groupe tricolore lors du Mondial 2022, Nicolas Dehon explique : « Pourquoi il prend Steve Mandanda ? Ce n'est pas un hasard. Il a une relation avec lui, il sait que Steve va pouvoir passer les messages dans le groupe. » En d'autres termes, devenir un nouveau relais pour son entraîneur. Et ainsi, pour Deschamps, obtenir l'assurance de pouvoir faire passer son message au quotidien à travers un joueur à l'expérience inestimable.

Page 129 ▸ 11. Selon un sondage réalisé par le site d'actualité *FootMercato.net*, 60 % des internautes interrogés s'attendaient à voir Antoine Griezmann devenir le nouveau capitaine des Bleus.

Page 129 ▸ 12. En faisant référence au management déployé au sein du PSG, Zlatan Ibrahimovic expliquait en 2021 dans les colonnes de *L'Équipe* : « Si le sommet de la pyramide est faible, la base sera faible également. »

Page 132 ▸ 13. Interrogé sur ses nouvelles fonctions, Mbappé précisera également : « Bien sûr, il y a une nouvelle génération. Mais il faut s'appuyer sur ce qui a fonctionné par le passé. » En vérité, peu importe la position que vous occupez, la notion d'héritage est toujours à prendre en compte. « À son arrivée, Albert Batteux a eu la grande sagesse de ne rien remettre en cause de ce qu'avait bâti son prédécesseur », expliquait Aimé Jacquet dans son autobiographie, *Ma vie pour une étoile* (Robert Laffont, 1999), en faisant référence au passage de témoin entre Jean Snella et Albert Batteux, à Saint-Étienne, en 1967. Deux entraîneurs qui permettront aux Verts d'écrire leurs lettres de noblesse.

Page 132 ▸ 14. Âgé de 32 ans au moment du choix du nouveau capitaine des Bleus par Didier Deschamps (et surtout auteur d'une carrière éprouvante physiquement avec des saisons records au sein de l'Atlético Madrid), Antoine Griezmann pourrait bien prendre sa retraite internationale à la suite de l'Euro 2024.

Page 134 ▸ 15. Durant cette fameuse causerie, Deschamps va également s'appuyer sur l'utilisation des chiffres afin de préparer au mieux son groupe : « Tout peut vite changer, ils ont déjà pris quatre buts à Bilbao dernièrement. Ils en ont pris quatre à Séville aussi. Ils prennent des buts, peut-être qu'ils peuvent en marquer, mais ils en prennent énormément. » En 2015, Arsène Wenger expliquait : « Ils [les chiffres] donneront plus de crédit à votre message, vos joueurs vous croiront beaucoup plus si vous dites : "Regardez, cette équipe concède 70 % de ses buts depuis le flanc gauche." »

Page 134 ▸ 16. Malgré sa réputation d'entraîneur dit défensif, les mots prononcés par Didier Deschamps avant de retrouver Chelsea en demi-finale de la Ligue des champions en disent long sur sa mentalité : « L'unique objectif ce soir, c'est de gagner : prendre un avantage. Et si on peut, et si on en a la possibilité, même un grand avantage. Pourquoi pas ? Pourquoi pas dès ce soir ? Mais pour ça, il faut que vous soyez libres. Ne pas vous dire : "Les coups d'attaque, j'y vais, mais il faut faire attention parce que défensivement..." Non, vous avez décidé, il y a un coup d'attaque, on le joue à fond. » Sur le terrain, l'histoire appartient aux joueurs. Résultat final : victoire trois buts à un de l'AS Monaco, pourtant réduit à dix contre onze dès la cinquante-troisième minute, avant de conclure lors du match retour deux buts à deux. En finale, le club du Rocher s'inclinera face au FC Porto de José Mourinho (0-3).

SOURCES

Toutes les déclarations sont issues des entretiens réalisés, des ouvrages précédemment cités ou des publications suivantes :
Archives *L'Équipe, L'Équipe Magazine, So Foot, Le Parisien, La Provence, FranceFootball, Téléfoot, France Bleu, Le Figaro, Onze Mondial, La Gazzetta dello Sport, www.sofoot.com, RMC.*

Ouvrages

- DULUC Vincent, MARMO David, *Football management : Deschamps, Mourinho, Ancelotti, Wenger... Comment les meilleurs dirigent leur équipe*, Eyrolles, 2013.
- FERGUSON Alex, *Mon autobiographie*, Talent Sport, 2014.
- GOUBIN Thomas, *Marcelo Bielsa : El Loco unchained*, Hugo Sport, 2015.
- JOBS Steve, *Discours de Stanford et autres réflexions pour l'avenir*, Maxima Laurent du Mesnil, 2012.
- KASPAROV Garry, *La vie est une partie d'échecs*, Jean-Claude Lattès, 2007.
- KOVÁCS Stefan, *Football total*, Calmann-Lévy, 1975.
- LAPORTE Bernard, *Secrets de coachs*, Le poche du Moment, 2015.
- LEPLAT Thibaud, *Le cas Mourinho*, Hugo Sport, 2013.

- MCCREADIE Karen, *Sun Tzu : leçons de stratégie appliquée*, Maxima Laurent du Mesnil, 2008.
- NIETZSCHE Friedrich, *Humain, trop humain*, Gallimard, 1988.
- PASCUITO Bernard, *La Face cachée de Didier Deschamps*, First, 2013.
- RIOLO Daniel, PAILLET Christophe, *Secrets de coachs*, Hugo Sport, 2011.
- RODIER Philippe, *L'Entraîneur idéal*, Hugo Sport, 2017.
- RODIER Philippe, FORIEL Baptiste, TOUZOT Emmanuel, *Les plus grands managers du sport se confient*, Amphora, 2021.
- WEBER Max, *Le Savant et le Politique*, Plon, 2002.

Articles de presse

- AFP. (2021, 17 décembre). Jean Todt : « Seuls les médiocres ont atteint leur maximum ». *Eurosport*.
- Briley, L. avec AP. (2022, 7 décembre). « Équipe de France : Didier Deschamps, la Force Tranquille ». *RMC SPORT*.
- Brossard, C. (2022, 16 décembre). « France-Argentine : "Didier Deschamps a la gagne en lui", raconte son ancien entraîneur des gardiens à l'OM ». *RMC SPORT*.
- Chalom, S. (2018, 16 juillet). « Comment s'inspirer du management de Didier Deschamps ». *Capital.fr*.
- Favre, L. (2016, 15 janvier). « Gilbert Gress : "On ne devient pas entraîneur, on l'est déjà sur le terrain" ». *Le Temps*.
- Favre, L. et Petit, L. (2016, 15 janvier). « Les grands joueurs font rarement de grands entraîneurs. La preuve en chiffres ». *Le Temps*.
- Godcharles, L. (2019, 11 septembre). « Albert Einstein, l'insoupçonnable violoniste ». *ICI ARTV*.
- Grasland, E., Dupont-Calbo, J., Feitz, A., & Barroux, D. (2019, 29 mars). « Carlos Tavares, Les leçons de management du sauveur de Peugeot ». *Les Échos*.

- Grelier, D. (2022, 10 décembre). « Savez-vous parler le Didier Deschamps ? ». *Le Figaro*.
- La Story de Mohamed Bouhafsi. (2022, 15 novembre). « Didier Deschamps, jamais rassasié » [Vidéo]. C *à vous. France Télévisions*.
- Le Gall, A. (2022, 18 décembre). « France-Argentine : Deschamps, seul contre le reste du monde, à une marche de l'éternité ». *20 Minutes*.
- Le Gall, A. (2015, 10 août). « Le mythe de la causerie d'avant-match ». *SOFOOT.com*.
- Leplat, T. (2013, 31 août). « Manuel Sérgio : "Mourinho, c'est mon prix Nobel" ». *SOFOOT.com*
- Marchand, T. (2017). « José Mourinho, en 2017 dans *France Football* : "Je suis devenu le Calm One" ». *FranceFootball*
- Pauluzzi, V. (2014, 26 mai). « La réussite d'Ancelotti, c'est celle d'un homme authentique qui a apaisé le Real ». *Eurosport*.
- Prieto Santos, J. (2018, 17 février). « Xavi : "À Madrid, le PSG a joué comme le Barça" ». *SOFOOT.com*.
- Rezza, S. (2016, 28 mai). « Gérard Houllier : "L'OL méritait de gagner la Coupe d'Europe" ». *Le libéro Lyon*.
- Ruiz, A. (2020, 20 septembre). « Fernando Morientes : "Avec Deschamps nous parlions le même football" ». *beIN Sports*.
- Service Checknews. (2018, 20 septembre). « Le grand n'importe quoi de Zemmour à propos des repas halal des Bleus ». *Libération*.
- Taibi, N. (2018, 9 avril). « Qu'est-ce que le talent ? Le sociologue Pierre-Michel Menger en propose une analyse limpide ». *Les Inrocks*.

Documentaires, reportages audiovisuels

- Entretien avec Patrice Évra, par Colinterview, *Oh My Goal*, 2023.
- Entretien avec Kylian Mbappé, par Téléfoot, *TF1*, 2023.
- Les secrets de l'équipe de France avec Adil Rami, *Amuse-Bouche*, 2023.

- Didier Deschamps et ses coups tactiques en Équipe de France, *beIN Sports*, 2022.
- Didier Deschamps : « Pour rien au monde je ne changerais ma vie », *Téléfoot*, 2019.
- Didier face à Deschamps, par Nagui, *TF1*, 2019.
- Didier Deschamps : « Les gens ne me connaissent pas », *Brut*, 2019.
- Didier Deschamps, le maître du jeu, *Canal+*, 2018.
- Les Bleus 2018 : au cœur de l'épopée russe, *TF1*, 2018.
- Didier Deschamps : « Du foutage de gueule », *beIN Sports*, 2012.
- C'est l'histoire d'un but, 2011.
- Le périple rouge, *Canal+*, 2004.
- *Au cœur des Bleus*, par Mireille Dumas et Dominique Colonna, 1998.
- *Les Yeux dans les Bleus*, de Stéphane Meunier et Jérôme Caza, *Canal+*, 1998.

Remerciements

À Benoît Bontout, Camille Bernard-Cressol et Alizée Andrès, pour leur confiance immédiate,

À mon père et à mon frère,

À ma mère,

À Eden et au petit Simba,

À Emmanuel Bocquet et Laurent Lepsch, pour m'avoir ouvert les portes de *Onze Mondial*,

À Jérôme Latta, pour m'avoir permis d'écrire sur *Les Cahiers du Foot*,

Au dernier tour de Max Verstappen à Abu Dhabi (et à Michael Masi, faut-il l'avouer…),

À Thibaud Leplat, parce qu'il faut toujours des « romantiques » et des « pragmatiques », sinon le football serait bien trop ennuyeux…

Et à Didier Deschamps, pour les émotions procurées.

Crédits

Crédits iconographiques :
Page 6 : Maurice van Steen/ Presse Sports ; page 22 : Landrain / Presse Sports ; page 43 : Pierre Lahalle / Presse Sports ; page 44 : Pierre Lahalle / Presse Sports ; Page 56 : Paul Chesterton/ Presse Sports ; Page 77 : Franck Faugère / Presse Sports ; Page 80 : Franck Faugère / Presse Sports ; page 108 : Franck Faugère / Presse Sports.
Direction artistique : Thierry Sestier
Mise en pages : Médiamax
Préparation de copie : Camille Mathieu
Relecture : La Machine à mots

Pour l'éditeur, le principe est d'utiliser des papiers composés de fibres naturelles, renouvelables, recyclables et fabriquées à partir de bois issus de forêts qui adoptent un système d'aménagement durable.

PAPIER CERTIFIÉ

En outre, l'éditeur attend de ses fournisseurs de papier qu'ils s'inscrivent dans une démarche de certification environnementale reconnue.

Imprimé en Espagne par Unigraf
pour le compte des éditions Hachette Livre (Marabout)
58, rue Jean-Bleuzen – 92178 Vanves Cedex
Dépôt légal : septembre 2023
ISBN : 978-2-501-18080-1

6661158/02